So arbeitest du mit der Schreibtabelle:

Piri
Die Fibel

Autorinnen:
Susanne Köglmeier
Katharina Steinhorst

Beratung:
Beate Eckert-Kalthoff

Ernst Klett Verlag
Stuttgart · Leipzig · Dortmund

Inhalt

Üben 4
Silben schwingen 4
Gleiche Anlaute erkennen 5
Anlaute schreiben 6
Könige erkennen 7
Mit der Schreibtabelle schreiben 8
Wörter schreiben und Könige markieren 9

Ankommen und lernen 10
Buchstabenlehrgang M m, A a, L l, E e, O o, R r, I i, T t 12
Leseseiten 20
Tipp: So sprechen wir miteinander 24
Wörter schreiben 25
Buchstaben gestalten 26
Genau lesen 27

Lesen und informieren 28
Buchstabenlehrgang U u, N n, S s, Ei ei, H h, B b, -ch, F f 30
Leseseiten 38
Tipp: So schreibe ich Wörter ab 44
Wörter schreiben 45
Artikel zuordnen 46
Genau lesen 47

Wünschen und träumen 48
Buchstabenlehrgang K k, Sch sch, D d, Au au, W w, Ü ü 50
Leseseiten 56
Tipp: So übe ich lesen 62
Wörter schreiben 63
Wörter und Sätze schreiben 64
Genau lesen 65

Reisen und entdecken 66
Buchstabenlehrgang P p, -ie, G g, Ö ö, Eu eu, -ß 68
Leseseiten 74
Tipp: So gestalte ich ein Lernplakat 80
Wörter schreiben 81
Nomen großschreiben 82
Genau lesen 83

Fühlen und beschreiben ... 84
Buchstabenlehrgang J j, -ng, Sp sp, St st, Z z, Pf pf, -ck, Y y ... 86
Leseseiten ... 94
Tipp: So lernen wir miteinander ... 100
Wörter schreiben ... 101
Gegensätze erkennen ... 102
Genau lesen ... 103

Zuhören und erzählen ... 104
Buchstabenlehrgang Ä ä, X x, Qu qu, V v, C c, -tz ... 106
Leseseiten ... 112
Tipp: So erzählen wir eine Geschichte ... 118
Wörter schreiben ... 119
Verben kennenlernen ... 120
Genau und flüssig lesen ... 121

Das Jahr erleben und gestalten ... 122
Herbst ... 124
Winter ... 126
Frühling ... 132
Sommer ... 136

Wörterliste ... 140

Hallo! Ich bin Piri, das schlaue Wiesel.

ÜBEN
Silben schwingen

○ **1** 👄 👏 Sprich und schwinge.

● **2** 👄 👏 Sortiere.

– lauttreue Wörter schreiben (vorbereitend: Wörter in Silben gliedern, Wörter nach Anzahl der Silben sortieren)

ÜBEN
Gleiche Anlaute erkennen

○ **1** 🦻👄 Was klingt am Anfang gleich?

● **2** 👥 Was klingt am Anfang gleich?
Sucht im Klassenzimmer.

– lauttreue Wörter schreiben (vorbereitend: Wörter mit gleichen Anlauten erkennen)

ÜBEN
Anlaute schreiben

○ **1** 👁 ✏️ Suche die Bilder.

○ **2** ✏️ Schreibe die Anlaute.

● **3** ✏️ Schreibe die Anlaute.

– lauttreue Wörter schreiben (vorbereitend: die Schreibtabelle kennenlernen, Anlaute schreiben)

ÜBEN
Könige erkennen

○ 1 👄👂 Welchen König (Vokal) hörst du?

◐ 2 〰️✏️ Schwinge und schreibe die Könige (Vokale).

● 3 👥 Könige können kurz oder lang klingen. Sprecht deutlich und vergleicht.

– lauttreue Wörter schreiben (vorbereitend: Silbenkerne bestimmen)
– Lautqualitäten unterscheiden (Vokale)

ÜBEN
Mit der Schreibtabelle schreiben

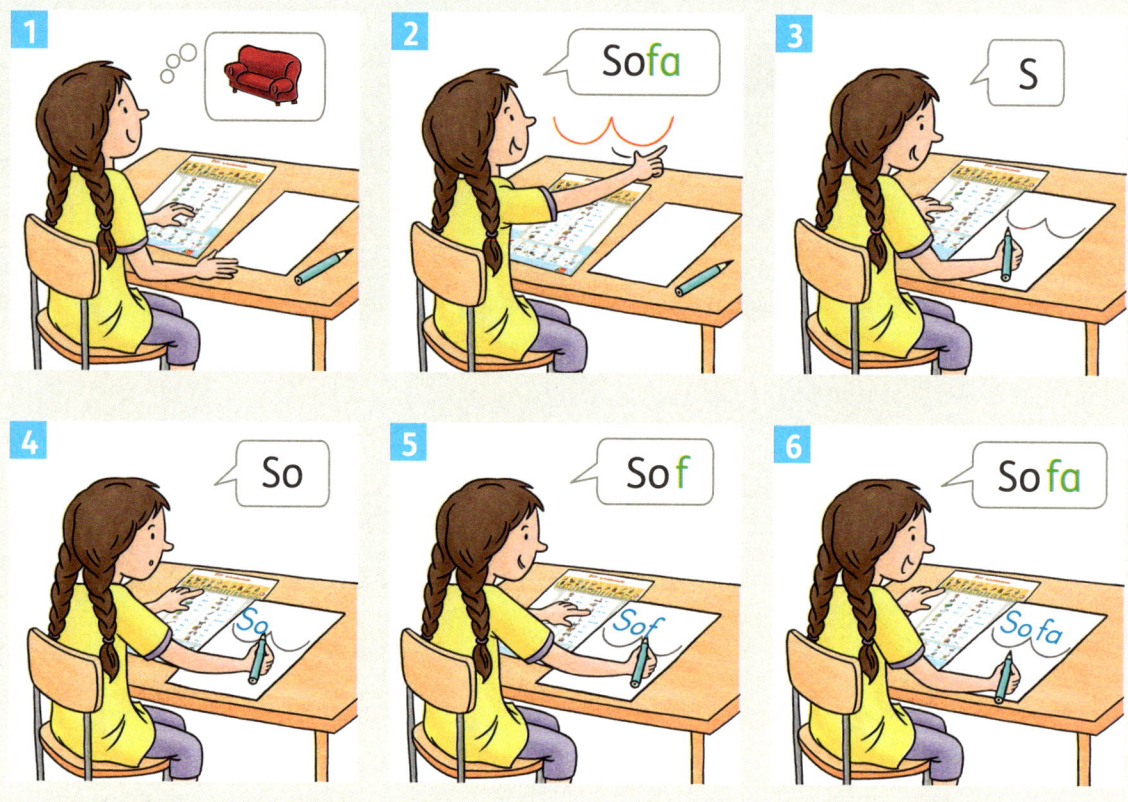

○ **1** Schwinge und schreibe die Wörter.

◐ **2** Schwinge und schreibe die Wörter.

● **3** Vergleicht.

– lauttreue Wörter silbisch sprechen und schreiben

ÜBEN
Wörter schreiben und Könige markieren

○ 1 Schwinge und schreibe die Wörter.

● 2 Markiere die Könige (Vokale).

Jede Silbe hat einen König (Vokal).

● 3 Vergleicht: Hat jede Silbe einen König (Vokal)?

– lauttreue Wörter schreiben: silbisch mitsprechen, Silbenkerne (Könige) bestimmen

Ankommen und lernen

zum Bild erzählen
eine eigene Geschichte erfinden
eine Szene spielen

M m

– lauttreue Wörter schreiben (vorbereitend: Wörter in Silben gliedern)

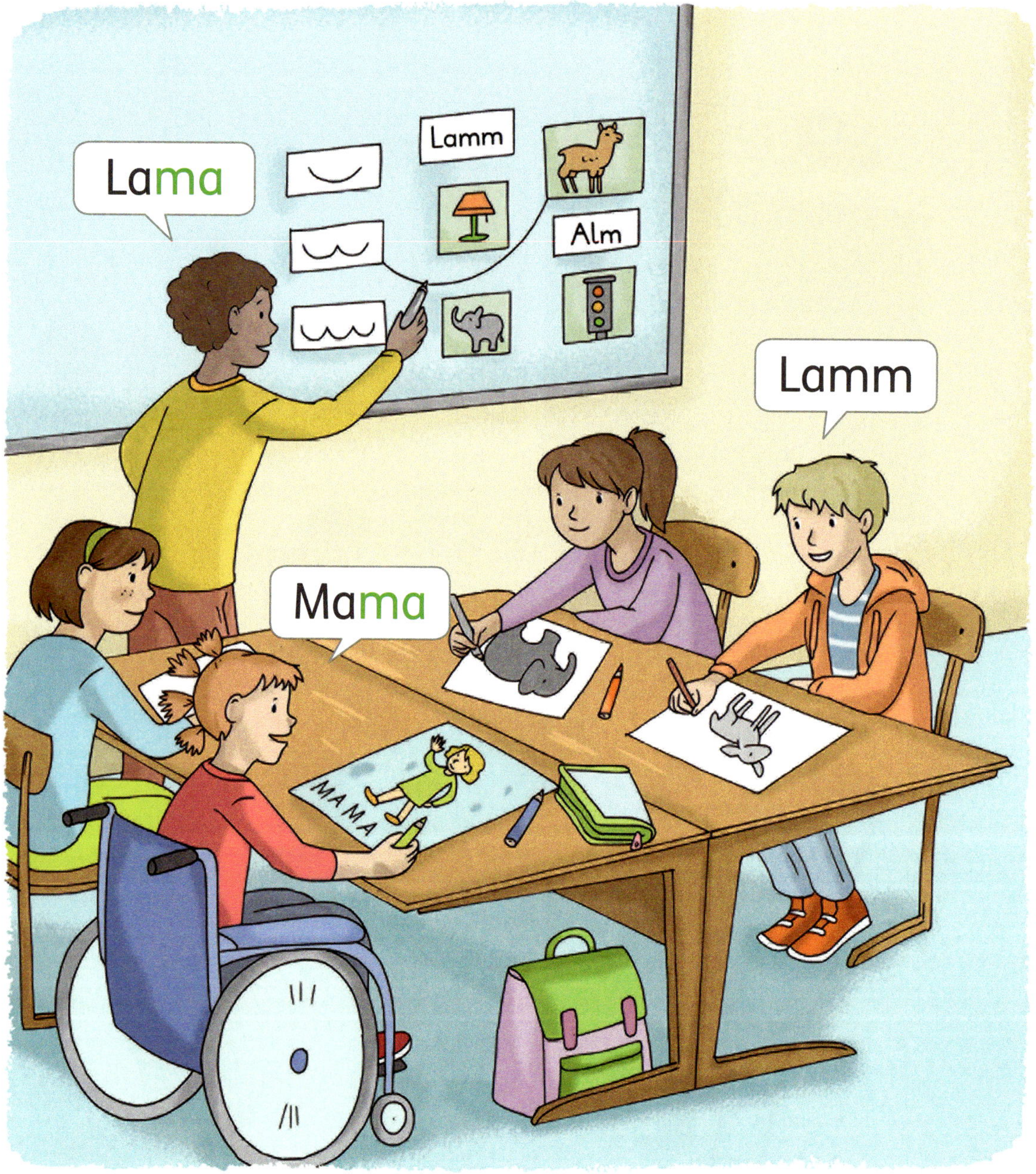

L l

mag

Alma mag **Mama**.

Lale mag **Ele**.
Alle malen.

Lea mag Mela.

Ella mag  .

 mag alle.

Ole mag Musik.

– Leseeindrücke umsetzen (eigene Bilder malen)

Ole mag Oma.
Oma mag Ole.
Leo mag Momo.

Piri mag Obst.

 R r

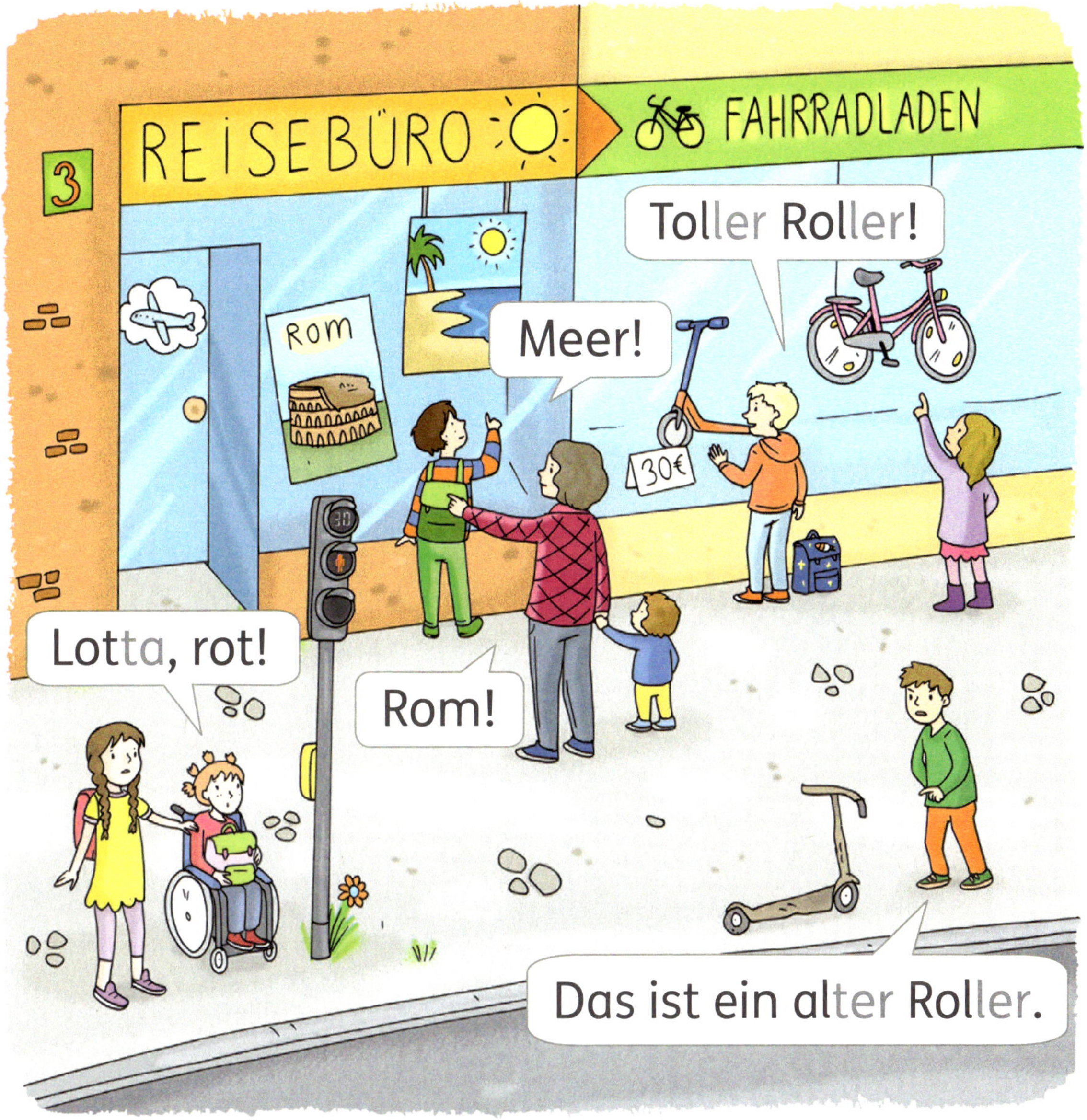

Maro mag Roller.

Merle mag das rosa Rad.
Es ist toll.

Was magst du?

ist

Alma ist im Rolli.
Rima ist am Roller.
Miriam mag Limo.

Wo ist Alma?
Wo ist Miriam?

1 Stellt euch gegenseitig Suchaufgaben. Wo ist …?

– häufige Wörter auf einen Blick erfassen (Sichtwortschatz „ist")
– kommunikative Standardsituationen gestalten (Suchaufgaben mit bekannten Formulierungen stellen)

Otto ist im Tor.
Mama ist mit Timo am Tor.

Tobis Hose ist rot.
Wo ist Tobi?

Was macht Matti?

– Bilder nutzen, um das Gelesene zu überprüfen

Piri mag

 mag Limo.   mag Torte.

mag Tee.    mag Tomaten.

- 1 Was magst du? Male und schreibe.
- 2 Was esst ihr in der Pause? Erzählt.

– zu bedeutungsvollen Themen (eigene Vorlieben) schreiben
– andere zu einfachen Sachverhalten informieren

Guten Tag

Guten Tag,
guten Tag,
guten Tag.

Warum so oft?

Weil ich dich mag!

Georg Bydlinski

1 Spielt das Gedicht.

2 Wie begrüßt ihr euch? Erzählt.

– eine Szene darstellen (nachspielen)
– kommunikative Standardsituationen gestalten (Begrüßung)

Elmar

Es war einmal eine Elefantenherde:
Junge Elefanten, alte Elefanten,
große, dicke und dünne Elefanten,
alle elefantenfarben.
5 Nur Elmar nicht.

Elmar war ganz anders.
Elmar war buntscheckig*.
Elmar war gelb
und orange
10 und rot
und rosa
und lila
und blau
und grün
15 und schwarz
und weiß.
Elmar war überhaupt nicht elefantenfarben.

Am Elmar-Tag verkleiden sich alle Elefanten
und malen sich bunt an.

David McKee

- **1** Lies und male: Elmar ist rot.
- **2** Wie oft kommt das Wort **Elmar** vor. Zählt.

* buntscheckig: mit bunten Flecken

TIPP
So sprechen wir miteinander

Ich melde mich.

Ich warte, bis ich aufgerufen werde.

Ich spreche laut und deutlich.

Die anderen Kinder hören mir aufmerksam zu.

Die anderen Kinder lassen mich ausreden.

Die anderen Kinder stellen Fragen und geben Tipps.

– Regeln für gemeinsame Gespräche und gemeinsames Lernen beachten

ÜBEN
Wörter schreiben

○ **1** ✏ Schreibe die Silben auf Karten.

○ **2** Lege.

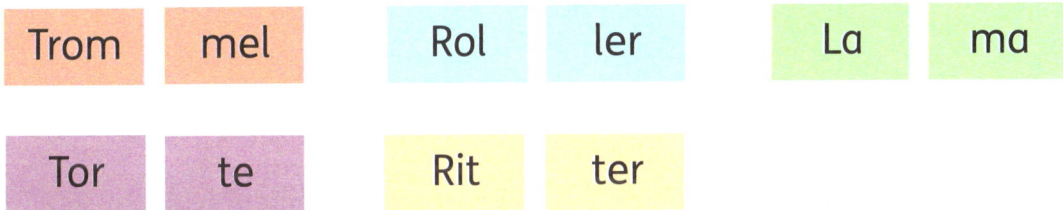

● **3** 👥 Vergleicht.

○ **4** ✏ 🖍 Schreibe und male dazu.

○ **5** 👑✏ Markiere die Könige (Vokale).

– lauttreue Wörter schreiben: silbisch mitsprechen
– Silbenkerne (Könige) bestimmen

ÜBEN
Buchstaben gestalten

Klebe einen Buchstaben.

Schraffiere und radiere.

Schneide Buchstaben aus.
Klebe passende Wörter
und Bilder dazu.

Sammle Wörter
zu einem Buchstaben.

❋ **1** Gestalte Buchstaben und Wörter.

❋ **2** 👥 Ihr könnt Buchstaben kneten oder in den Sand schreiben. Sammelt weitere Ideen.

– mit Schrift gestalten

ÜBEN
Genau lesen

1. 👓 Lies die Silben. Welche Bilder passen?

| Am | Ro |
| Ti | Li |

2. 👓 Lies die Wörter. Welche Bilder passen?

| Ritter | Matte |
| Trommel | Lama |

3. 👓✏ Welcher Satz passt zum Bild?
Notiere die Buchstaben. Sie ergeben ein Lösungswort.

Bild	Satz	Buchstaben
	Tim ist am Tor. Tim ist im Tor.	Ton Tan
	Alma ist im Rolli. Alma ist am Rolli.	te la

– über Lesefähigkeiten verfügen (genau lesen, Leseverständnis überprüfen)

und

Murmel mag Lurmel.

Murmel umarmt Lurmel.

Lurmel ist mit Murmel im Tal.

Lurmel murmelt: Mutter ...

Lurmel und Murmel sind auf dem Weg zum See.
Dort wartet schon Mutter Mammut.

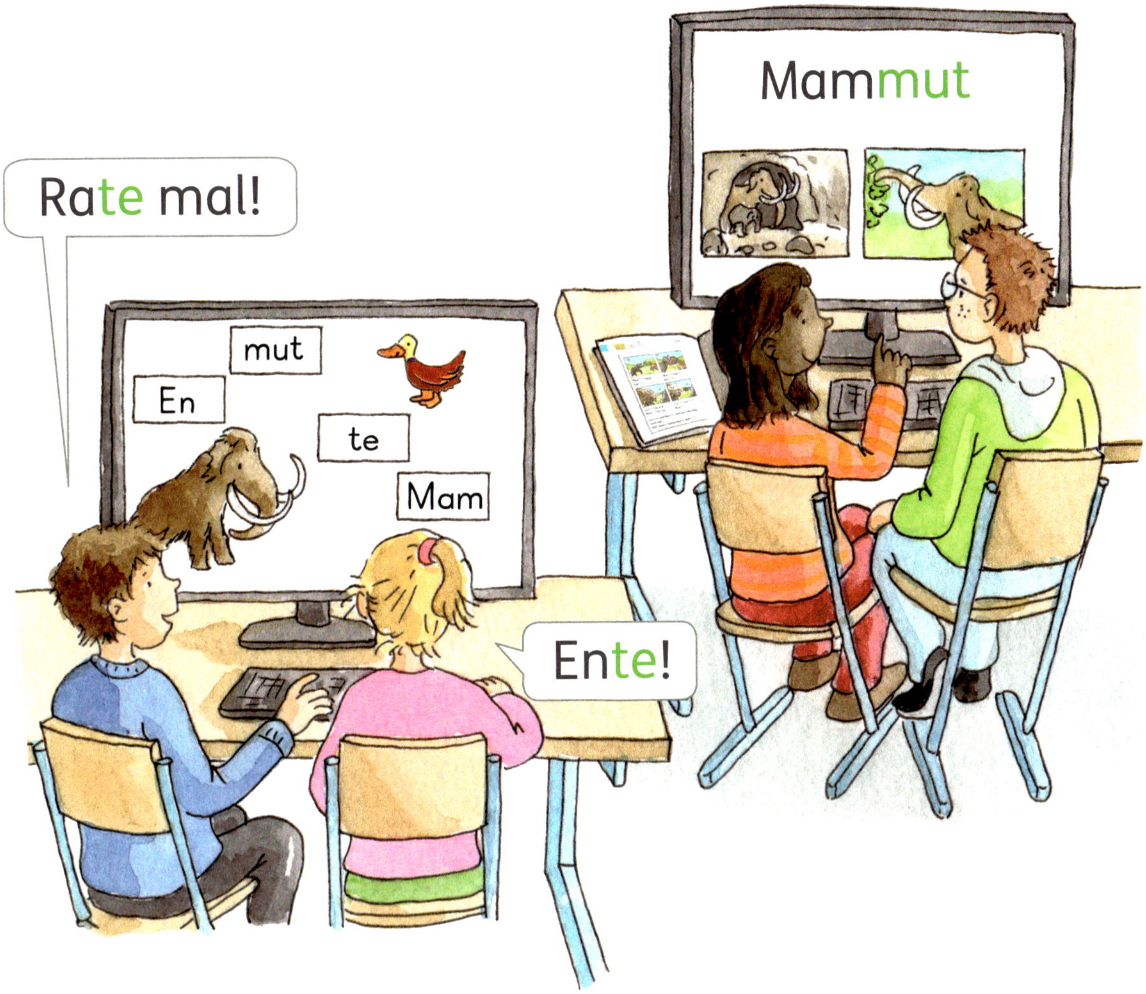

Alle lernen.
Elena und Nilo raten.
Lennart und Nuni lernen im Internet.
Nuni murmelt: Mammut.

Nuni sucht im Internet.
Sie findet Bilder vom Mammut.

S s

Tante Lisa nimmt Salami.
Sina nimmt Salat und Rosinen.
Samuel nimmt rote Tomaten:
Mama mag Tomaten.

Tante Lisa murmelt:
Dann lasst uns Tomatensalat essen.

Tante Lisa, Samuel und Sina kaufen alles ein.
Sie wollen heute zusammen kochen.

- 1 Spielt nach.
- 2 Was haben Tante Lisa, Samuel und Sina vergessen? Lies nach.

– eine Szene darstellen (nachspielen)
– verschiedenartige Texte lesen (Einkaufszettel), über Lesefähigkeiten verfügen (genau lesen, Leseverständnis überprüfen)

Samuel nimmt ein Messer.
Tante Lisa meint: Alleine?
Sina soll Reis in einer Tasse messen.
Sina meint: O, nein! Unser Reis ist leer!
Samuel meint: Lasst uns Eis essen!

Aber Tante Lisa sagt: Wir kaufen Reis ein.
Samuel meint: Und Eis mit Ananas.

Sina lacht: Eis und Reis.
Das können wir uns merken.

1 Wer kocht bei euch? Erzähle.

– eigene Erlebnisse erzählen (von der Familie, dem eigenen Zuhause)

H h

Hanna und Maro sehen Uhus und Rehe an.
Helena malt ein Nashorn.
Alma holt einen Atlas.

Lotta kuschelt mit dem Hasen.
Sie mag nicht lesen, schreiben und malen.

Lotta ist heute traurig.
Die Lehrerin redet mit Lotta.

Lotta mag Ballett.
Lotta und Oma lesen im Bett.
Aber Lotta bettelt: Bitte, hol Mama!
Oma meint: Mama arbeitet in Berlin.
Lotta murrt: Mama soll mit mir lesen.

Lotta und Oma rufen Mama an.
Mama kommt bald heim.

Dann bringt Mama Lotta ein Mobile* mit Ballerinas** mit.

* Mobile: an Stäben hängen Figuren, die sich in der Luft bewegen
** Ballerina: Ballett-Tänzerin

– sinnerschließend lesen (Handlungsverlauf mit Vermutungen vergleichen)
– sprachliche Verständigung untersuchen (Mimik deuten, über Gefühle sprechen)

-ch

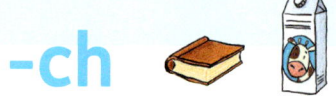

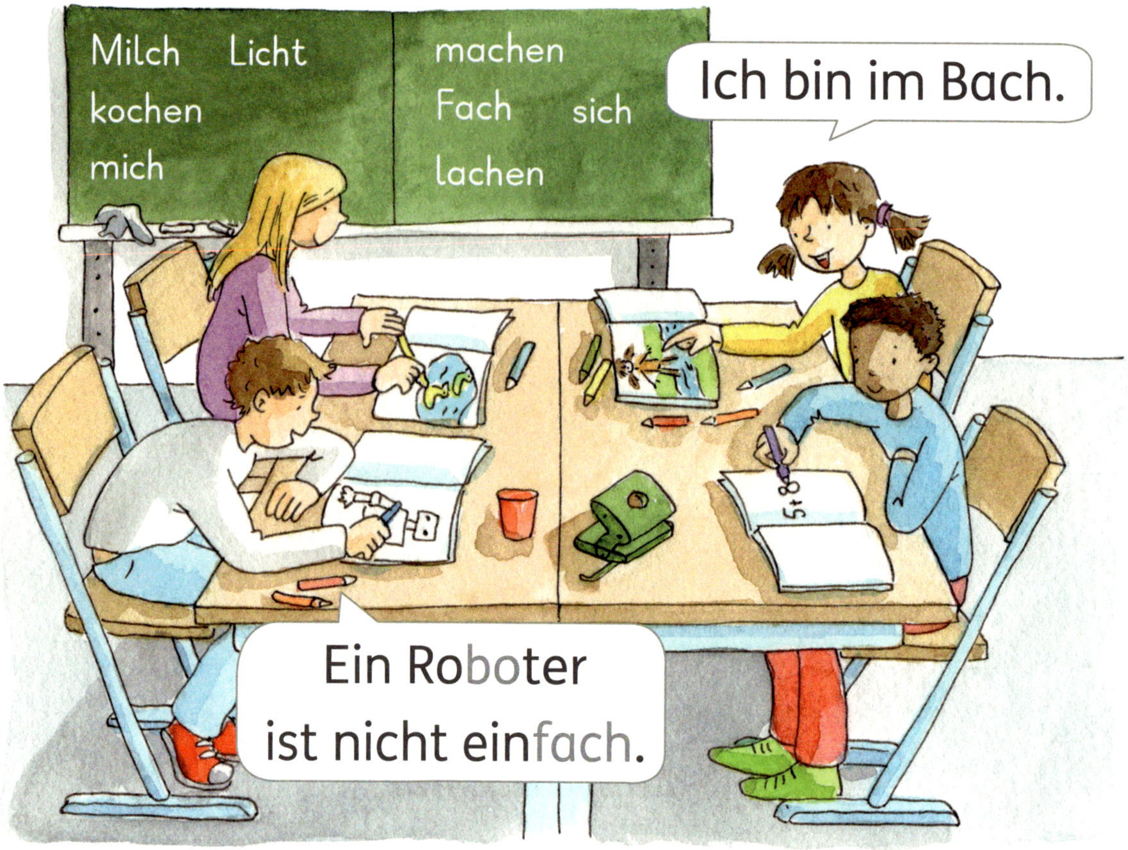
Milch Licht
kochen
mich
machen
Fach sich
lachen
Ich bin im Bach.
Ein Roboter
ist nicht einfach.

Im Unterricht machen alle ein Ich-Buch.
Rachel malt einen Teich mit Enten.
Otto rechnet in seinem Ich-Buch.

Tinas Ich-Buch ist fertig.
Sie muss es nur noch lochen.

Tina freut sich auf Mittwoch.
Dann dürfen alle ihr Buch vorstellen.

– Leseeindrücke umsetzen (eigene Ich-Bücher gestalten und vorstellen)

Fabians Fotos

Fanni und ich lachen im Bett.

Ich mache oft Fotos.

Ich habe einen Film über Ufos gesehen.

Meine Familie feiert oft. Das ist bei Fannis Taufe.

Ich mache ein Foto. Bitte lachen!

Eine Reise

Sofina, Fiona und Bruno
reisen mit einem Boot.
Bruno ruft: O, nein! Im Boot ist ein Loch!
Sofina und Bruno fallen sofort ins Meer.
Es ist nass.
Fiona ruft: Eine Insel ist in Sicht!
Fiona rettet Sofina und Bruno ans Ufer.
Aber Ali Baba ist fort.
Und nun?

1 Wie geht die Geschichte weiter? Überlegt gemeinsam.

2 Spielt, erzählt, malt oder schreibt eure Geschichte.

– Vermutungen zum weiteren Handlungsverlauf anstellen
– Leseeindrücke umsetzen (einen eigenen Schluss finden)

Lesezeit

Maria hat ein Buch mit Monstern.
Lotta hat ein Sachbuch mit Ballerinas.

Milan und Kerstin lesen einen Krimi.
Elif und Omer sammeln interessante Berufe.

Oskar findet Märchen toll.
Er hört sich Rotkäppchen an.

○ 1 ⇔ Für welches Buch würdest du dich entscheiden? Erzähle.

● 2 ☺☺ Viele Bücher gibt es auch als Film oder Hörbuch. Tauscht euch aus.

Psst! Ich lese!

Es war ein regnerischer Sonntagnachmittag,
aber Bella war das egal.
Sie las gerade das BESTE BUCH
aller Zeiten!
5 Die Geschichte war so SPANNEND
und ging langsam
auf das Ende zu, als …

„AHOI. Schiffsmädchen Bella!", rief Kapitän Kugelbauch.
„Es ist Sonntag! Bist du bereit für ein neues Abenteuer?"

10 „Tut mir leid", sagte Bella, „aber heute habe ich keine Zeit.
Ich will jetzt mein Buch lesen. "

„DU LIEST EIN BUCH?",
schrie Käpt'n Kugelbauch.
„BEI MEINEN WINDIGEN HOSEN!
15 Wie kann denn ein Buch besser sein
als eine Reise zur Teufelsinsel
und die Heimfahrt mit einem Schiff
voller Beute? AAARGHHH!"

„Aber das Buch ist es!", sagte Bella.
20 „ICH WILL JETZT LESEN!"

Bella las weiter in ihrem Buch
an der SPANNENDEN STELLE, genau da, wo ...

„Bella, du Beste", kreischte Maurice, der Pinguin.
„Es ist Sonntag! Wir machen Musik!"
25 „Ich würde jetzt wirklich gern
mein Buch zu Ende lesen."
„EIN BUCH LESEN?",
schrie Maurice.
„Wie kann denn ein Buch
30 besser sein als zu singen?"
„Seid bitte leise!
ICH WILL JETZT LESEN!"

Endlich war Ruhe im Zimmer. Bella konnte weiterlesen.
Bald hatte sie die letzte Seite ihres Buches erreicht.
35 „Das war DAS BESTE BUCH DER WELT!",
sagte sie und schaute sich um.
„Also, wer von euch möchte jetzt SPIELEN?"
Alle schauten zu Bella und riefen ...
„Vielleicht später, Bella, gerade geht's nicht ..."

John Kelly (Text) / Elina Ellis (Illustrationen)

1 Warum haben die anderen jetzt keine Zeit für Bella?
Überlegt gemeinsam.

– sinnerschließend lesen (Vermutungen zum weiteren Handlungsverlauf anstellen)

Ein Buch

Lesen, blättern und auch lachen,
mit einem Buch kannst du so manches machen.

Ob ganz laut oder auch ganz leise,
jedes Buch liest du auf deine Weise.

Ein Buch lesen kannst du allein,
kannst aber auch in der Gruppe sein.

Und geht es an das Ende ran,
fängst du vielleicht von vorne an.

Katharina Steinhorst

1 Erzähle, male oder schreibe.
Was liest du am liebsten?
Wann liest du am liebsten?
Wo liest du am liebsten?
Mit wem liest du am liebsten?

Maro bastelt ein Buch

• **1** 👁️👥 Wie bastelt Maro sein Ich-Buch? Erklärt.

TIPP
So schreibe ich Wörter ab

1

Ich lese das Wort.

2

Ich spreche das Wort deutlich.

3

Ich spreche das Wort und schwinge die Silben.

4

Ich decke das Wort ab und schreibe es auswendig auf.

5

Ich überprüfe, ob ich alles richtig geschrieben habe.

6

Ich vergleiche mit einem anderen Kind.

– planvoll und fehlerlos von einer Vorlage abschreiben
– Fehler durch Vergleichen mit der Vorlage finden und mit dem Partner überprüfen

ÜBEN
Wörter schreiben

1 Schreibe Piris Wörter auf.
Markiere die Könige (Vokale).

fein Eis rech**nen** bunt

su**ch**en Buch ar**bei**ten al**l**e

nicht Fens**ter** a**ber** ich

2 Was gehört zusammen?
Schreibe und markiere die Könige (Vokale).

Ne	Man	Son	Ta	Bir
ne	bel	tel	ne	fel

3 Schreibe und markiere die Könige (Vokale).

4 Vergleicht.

– planvoll und fehlerlos von einer Vorlage abschreiben
– lauttreue Wörter silbisch sprechen und schreiben, Silbenkerne (Könige) bestimmen

ÜBEN
Artikel zuordnen

○ der	× die	□ das
Saft	Blume	Buch
Besen	Melone	Ufo

○ 1 👄 Der, die oder das? Sprich das Wort mit Artikel.

● 2 ✏ ○, × oder □? Schreibe.

– Artikel kennen und passend zuordnen

ÜBEN
Genau lesen

○ **1** 👓 Lies die Silben. Welche Bilder passen?

● **2** 👓 Lies die Wörter. Welche Bilder passen?

● **3** 👓 ✏ Welcher Satz passt zum Bild?
Notiere die Silben. Sie ergeben ein Lösungswort.

	Bruno malt ein Reh. Bruno malt einen Elefanten.	Ein Blu
	Ferit holt ein Buch mit Ufos. Ferit holt ein Buch mit Monstern.	stab horn

Wünschen und träumen

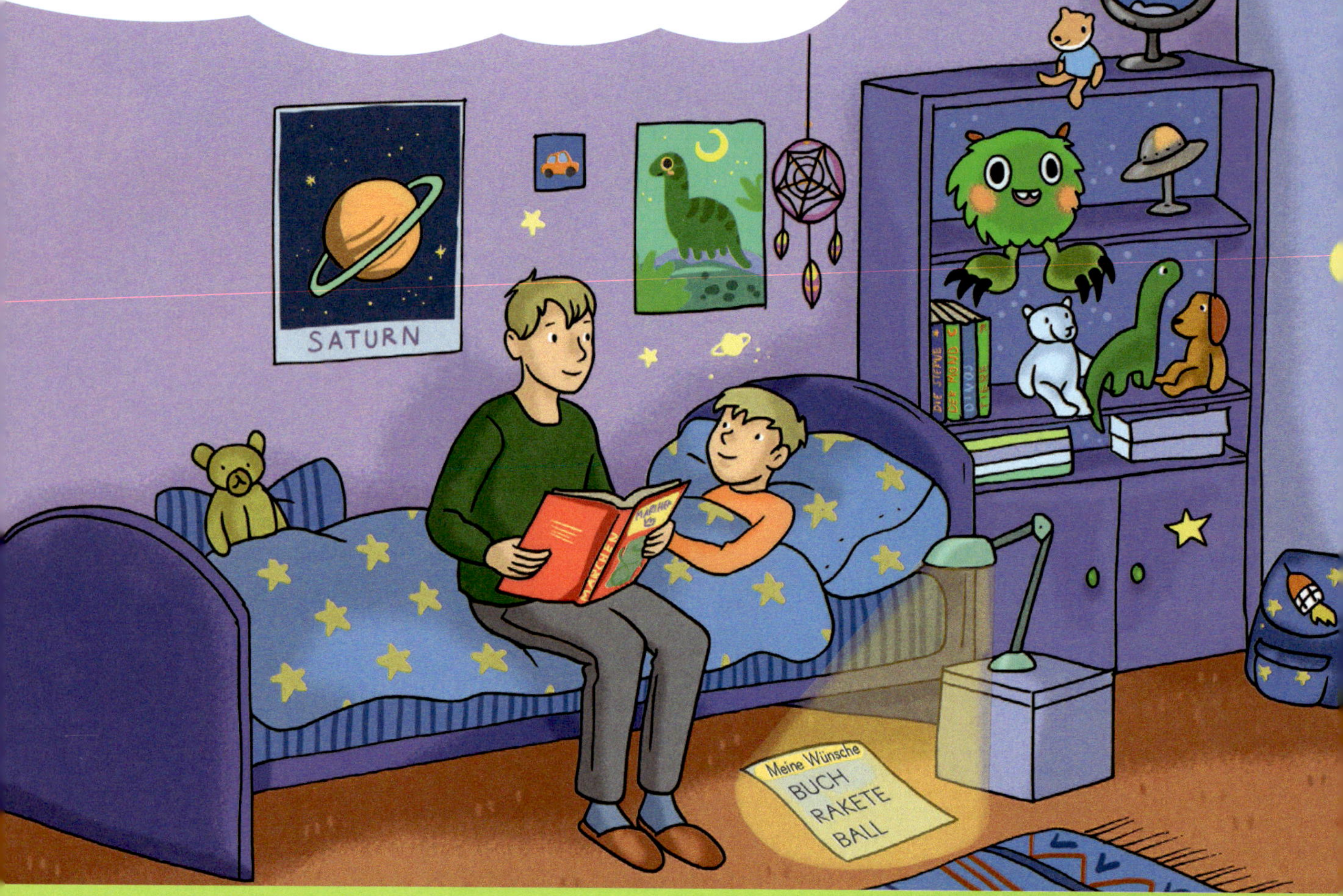

Sch sch

W w

Au au

L
Lot
Lotta
Lotta lacht.

zum Bild erzählen
eine eigene Geschichte erfinden
eine Szene spielen

K k

Ich kann kochen.

Ich kann mit meiner Kamera filmen.

Ich möchte am Meer arbeiten.

Ich kenne alle Krebsarten.

Ich kann Musik machen.

Ich suche nach Kamelen.

Ich kann im Internet suchen.

Ich kümmere mich gerne um kranke Menschen.

✳ **1** Was kannst du besonders gut? Erzähle, male oder schreibe.

Sch sch

Nach Schulschluss rennt Natascha
schnell heim.
Sie ruft: „Mama, ich arbeite einmal
in einer Schoko-Fabrik.
5 So kann ich immer kostenlos
Lutscher und Schoki naschen."
Sascha ruft: „Und ich arbeite einmal
als Fischer."
Natascha lacht: „Aber du magst keine Fische."
10 Am Schluss naschen alle Kekse.

Mama erinnert sich an ihren Wunschberuf:
Krankenschwester.

Heute ist Mama Lehrerin an einer Schule.

– sich an Gesprächen beteiligen (Wunschberufe nennen)

D d

Abends

Dominik kuschelt noch mit seinem Dino.
Adrian und seine Mama lesen abends.
Dinah schaltet das Delfinlicht an.

Daniel schaut mit seiner Schwester ein Buch an.
Dilara hört sich eine Geschichte an.
David redet mit seinem Papa über den Tag.

● **1** Was machst du abends? Schreibe.

Im Traum

Im Traum ist Klaus ein Autor.
Er denkt sich einen Krimi aus.

Im Traum taucht Frauke
mit Delfinen.
Frauke mag Delfine sehr.

Laurens träumt oft von Monstern.
Er mag seine Träume nicht.
Sein Papa schenkt ihm einen Traumfänger.

Ein Monster ist in deinem Traum?
Jag es fort auf einen hohen Baum.
Oder lock es auf das steile Dach,
dann wirst du morgen wieder munter wach.

– sich an Gesprächen beteiligen (über eigene Träume sprechen)

W w

Ein Wunsch ist frei

Maro will schlafen.
Auf einmal raschelt es.
Da ist ein kleiner Wichtel in seinem Bett.
Maro denkt: „Warum ist da ein Wichtel?
5 Das muss ein Traum sein!"
Der Wichtel winkt: „Ich bin Wichtel Willi.
Du hast einen Wunsch frei."
Maro denkt nach:
„Will ich einen Wellensittich?
10 Oder eine kleine Schwester?
Oder etwa Torwarthandschuhe?"

Am Morgen wacht Maro auf.
Wichtel Willi ist weg.
Aber neben dem Kissen sind
15 neue Torwarthandschuhe.

○ **1** 👄 Welche Wünsche hat Maro? Erzähle.

– über Lesefähigkeiten verfügen (genau lesen, Leseverständnis überprüfen)

Alle üben

Maro soll keinen Ball
ins Tor lassen.
Er übt mit Tülin.

Lotta will mit Büsra
lesen üben.
Beide sind in
der Bücherei.
Büsra nimmt ein Buch
über Türme.

Jürgen spielt mit
seinem Papa.
Er würfelt und lacht:
„Gewonnen!"

Papa sagt: „Morgen spielen wir
noch einmal. Vielleicht habe ich
dann mehr Glück!"

○ **1** 👄 Was willst du noch üben? Erzähle.

Wunschberufe

Lotta will Astronautin werden.
Im Weltall will Lotta
Kometen beobachten.
Leon mag Bratwurst.
₅ Er will Fleischer werden.

Alma kann tolle Bilder malen
und will Malerin werden.
Im Museum betrachtet Alma
oft Bilder bekannter Künstler.

₁₀ Otto will im Büro arbeiten.
Sein Papa ist Architekt*
in einem großen Büro.
Faruk will Richter werden.
Er mag es nicht, wenn Menschen
₁₅ ungerecht behandelt werden.

● **1** 👥 Welche Berufe kennt ihr?
Tauscht euch aus und berichtet der Klasse.

* Ein Architekt plant, wie Gebäude aussehen sollen.

– Vermutungen zu der Überschrift und den Bildern äußern
– sich an Gesprächen beteiligen (Berufe und Berufswünsche)

Traumreise

Es ist leise. Keiner lacht.
Maro lauscht.
Musik ist im Klassenraum, leise Musik.
Frau Willer macht mit der Klasse
eine Traumreise.
Ole ist in seinem Traum
auf einer Insel im blauen Meer.
Alma ist mit Oma im Laden.
Oma kauft Lutscher, rosa Lutscher,
rote und blaue …
Maro baut mit Lukas einen Turm.
Frau Willer flüstert: „Wacht auf."
Alle werden wach.

Nur Nenas Augen sind noch geschlossen.
Nena hört noch die Musik und träumt weiter.
Sie sitzt im Sattel und reitet.

– Vermutungen zur Überschrift und zu den Bildern äußern

Träume sind Schäume

Ich hab
von einem Geist
geträumt.

Der hat
mein Zimmer
aufgeräumt.

Doch doof war's
danach aufzuwachen,
denn jetzt muss ich
es selber machen.

(Sagt meine Mama.)

Michael Augustin

* 1 Was macht ein Geist in deinem Traum?
   Male oder schreibe.

Traumfänger basteln

Du brauchst:

Pappteller Wolle Federn Perlen Schere Locher Stifte

Schneide einen Kreis aus.

Bemale und loche den Pappring.

Spanne Dreiecke
mit farbiger Wolle.

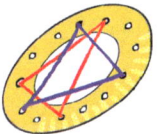

Fädle Perlen auf Wollfäden.
Knote die Wollfäden
an den Rahmen.

Verziere deinen Traumfänger.

1 Wie wird der Traumfänger gebastelt? Erzähle.

– Gebrauchstexte verstehen (Bastelanleitung)

Ich wär so gern ...

Nach links ...
geradeaus ...
nach rechts ...
geradeaus ...

5 Ich sehe die Schimpansen ... die Bären ... die Löwen ...

Sie sind lustig ... stark ... mächtig ...

Ich wär so gern Schimpanse,
die machen so toll Quatsch!

Ich wär so gern ein Bär,
10 da wär ich bärenstark!

Ich wär so gern ein Löwe,
dann hätte jeder Angst vor mir!

Ein Schatten.
Schnell pfeifen.
15 Sind alle im Bau?!

Toller Kerl, denkt der Schimpanse.
So müsste ich aufpassen können.

Toller Kerl, denkt der Bär.
So schnell möchte ich sein.

20 Toller Kerl, denkt der Löwe.
Alles tanzt nach seiner Pfeife.

Nach links ... geradeaus ... nach rechts ... geradeaus ...

Kommt raus,
kommt schon raus,
25 los, kommt alle raus!

Ich wär so gern Schimpanse,
die machen so toll Quatsch ...

Werner Holzwarth (Text)/
Stefanie Jeschke (Illustrationen)

○ **1** 👄 Erzähle: Ich wäre gern ein ..., weil ...

● **2** 👥 Warum bewundern die anderen Tiere das kleine Erdmännchen? Überlegt gemeinsam.

– sich an Gesprächen beteiligen (Wünsche benennen)

TIPP
So übe ich lesen

Ich übe kleine Wörter.

Ich beginne am Anfang der Zeile.

Ich lese Silbe für Silbe.

Ich lese die Wörter genau.

Ich schiebe den Lesepfeil eine Silbe oder ein Wort weiter.

Ich beachte den Punkt am Satzende.

Ich lese die Sätze mehrmals, bis ich sie gut lesen kann.

– über Lesefertigkeiten verfügen (flüssig lesen)

ÜBEN
Wörter schreiben

○ **1** ✏️ 👑 Schreibe Piris Wörter auf. Markiere die Könige (Vokale).

× Do*s*e   wün*s*chen   □ Au*t*o   weil

○ Win*t*er   *ü*ben   für   schrei*b*en

ler*n*en   × Sche*r*e   wei*t*er   schnei*d*en

◐ **2** ✏️ Was gehört zusammen?
Schreibe und kreise au und äu ein.

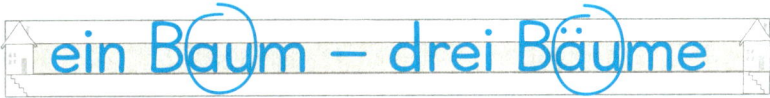

ein Baum   drei Mäuse
eine Maus   drei Häuser
ein Haus   drei Bäume

◐ **3** ✏️ Schreibe die Reimwörter auf.
Kreise die Anfangsbuchstaben ein.

○ Fisch   × Laus   × Kanne

● **4** 💬 Was fällt euch bei den Wörtern von Aufgabe 3 auf?
Vergleicht.

– planvoll und fehlerlos von einer Vorlage abschreiben
– silbisches Prinzip (Silbenkern) und morphologisches Prinzip (Umlaute) anwenden
– Großschreibung bei Nomen kennenlernen

ÜBEN
Wörter und Sätze schreiben

L	Das ist ein Buchstabe.
Lot	Das ist eine Silbe.
Lotta	Das ist ein Wort.
Lotta lacht.	Das ist ein Satz.

● 1 Bilde sinnvolle Sätze. Schreibe sie auf.

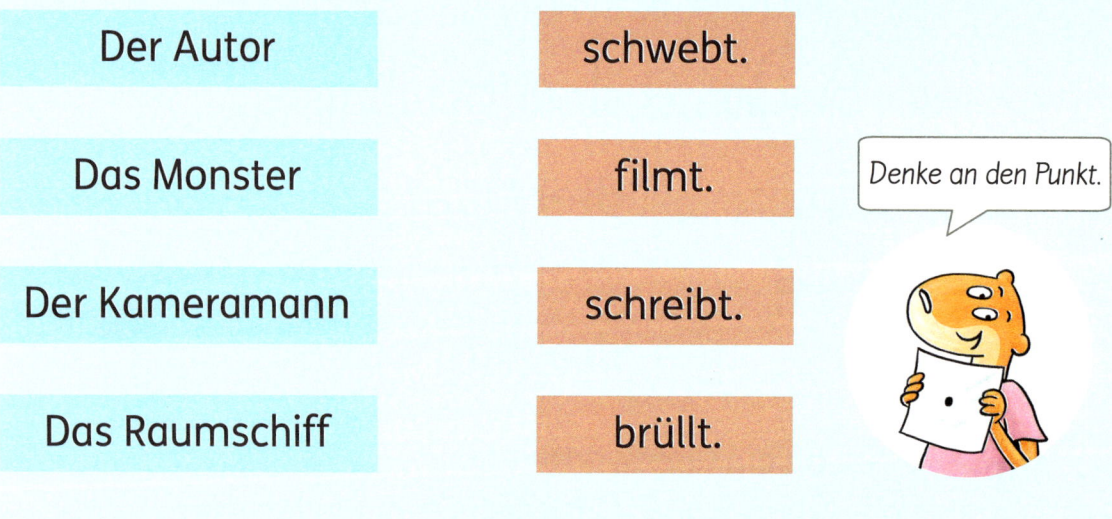

Denke an den Punkt.

Der Autor	schwebt.
Das Monster	filmt.
Der Kameramann	schreibt.
Das Raumschiff	brüllt.

Der Autor schreibt.

○ 2 Kreise den großen Buchstaben am Satzanfang und den Punkt am Satzende ein.

(D)er Autor schreibt(.)

– Sätze als Sinneinheit erfassen
– sinnschließend lesen (Satzglieder sinnvoll zuordnen)

ÜBEN
Genau lesen

● 1  Lies die Wörter. Welche Bilder passen?

○ Wurm × Schaufel ○ Würfel □ Auto

● 2  Lest gemeinsam.

Maro	Er
Maro hat	Er reist
Maro hat eine	Er reist ins
Maro hat eine Rakete.	Er reist ins All.

● 3 Welcher Satz passt zum Bild?
Notiere die Silben. Sie ergeben ein Lösungswort.

	Ella wünscht sich Fische. Ella wünscht sich Tische.	Träu Zau
	Der Koch hat eine Krone. Der Koch hat eine Melone.	le me

– über Lesefähigkeiten verfügen (genau lesen, Leseverständnis überprüfen)

Reisen und entdecken

G g

P p

Eu eu -ie

Nomen
der Maler
die Palme
das Haus

P p

Post aus Palermo

Maros Oma und Opa sind im Urlaub.
Heute bekommt Maro eine Postkarte.
Maro ruft: „Ich habe Post aus Palermo!"
Maro kann schon lesen, was Opa schreibt.

Hallo Maro,
wir sind in Palermo.
Das ist in Italien.
Wir schwimmen oft im Meer.
Oma isst gerne Pasta
mit Salbei.
Ich mag Pasta mit Tomaten
und Parmesan.
Bis bald
dein Opa

An
Maro Paulus
Pappelallee 11
94034 Passau
Deutschland

Maro will mit Papa Pasta kochen.
Im Internet suchen Maro und Papa
ein Rezept.

Maro will auch etwas über Palermo wissen:
Palermo ist die Hauptstadt der Insel Sizilien.
Auf Sizilien ist der Vulkan Ätna.

1 Wie merkst du dir deine Adresse? Erzähle.

- sich an Gesprächen beteiligen (über Gerichte aus anderen Ländern sprechen)
- über Lernen sprechen
- Medienkompetenz anbahnen (im Internet recherchieren) MK

Ein Brief an Oma und Opa

Maros Oma und Opa leben in Wien.
Sie kommen erst in sieben Tagen wieder.
Maro will sich für die Postkarte bedanken.
Papa hat eine Idee: „Schreib doch einen Brief!"
Maro holt Briefpapier.

Liebe Oma, lieber Opa,

danke für die Postkarte.
Ich habe mit Papa Pasta gekocht. Ich liebe Pasta!
Bald komme ich nach Wien.
Dann fahren wir wieder mit dem Riesenrad.
Können wir auch in den Tiergarten gehen?
Ich möchte die Wiesel beobachten.

Alles Liebe
Maro

● 1 😊😊 Zieht Zettel mit euren Namen.
Schreibt euch gegenseitig Briefe.

– zu bedeutungsvollen Themen schreiben (einen Brief schreiben)

G g

Georgios

Mein Name ist Georgios.
Ich komme aus Griechenland.
So schreibe ich meinen Namen: Γεώργιός.
Heute ist mein Namenstag*.
5 Alle gratulieren mir.
Ich feiere gemeinsam mit meiner Familie
und bekomme auch Geschenke.

Der Namenstag ist bei uns sogar wichtiger
als der Geburtstag.

10 Am Namenstag gibt es mein Lieblingsessen:
Gyros mit Zaziki.
Danach gibt es griechischen Joghurt.

○ **1** 👄 Welche Feste feierst du mit deiner Familie? Erzähle.

* Der Namenstag ist ein Gedenktag für eine Heilige oder einen Heiligen.

Anna

Ich bin Anna und komme aus
Schönau am Königssee.
Bald habe ich Geburtstag.
An diesem Tag bin ich
5 die Königin.
Alle müssen auf mich hören.
Das ist schön.
Ich wünsche mir eine neue Flöte.
Mittags möchte ich
10 Semmelknödel essen.
Meine Mama ist die beste
Köchin der Welt.

Am Nachmittag wollen wir in
die Schellenberger Eishöhle gehen.
15 Es ist die größte Eishöhle Deutschlands.

Ich freue mich auf die riesigen Eisfiguren,
die im Inneren der Höhle zu sehen sind.

○ **1** 👄 Wie möchtest du deinen Geburtstag gerne feiern? Erzähle.

– sich an Gesprächen beteiligen (Wünsche äußern)

Samir, der neue Schüler

Samir ist seit heute neu in der Klasse.
Er kommt aus Indien.
Samir ist erst seit neun Tagen in Deutschland.
In der Pause toben alle Kinder auf dem Hof.
5 Aber Samir ist allein.
Er hat noch keine neuen Freunde gefunden.

Da kommt Klara und tippt
Samir auf die Schulter.
Klara lächelt freundlich: „Hallo, Samir."
10 Klara fragt: „Spielst du mit Fußball?"
Samirs Augen leuchten.
Leise sagt er: „Fußball."

Klara freut sich.
Sie ruft: „Alles klar, Leute! Samir spielt mit!
15 Er ist in meiner Mannschaft."

○ **1**  Spielt mit verteilten Rollen.

– eine Szene darstellen (nachspielen)
– kommunikative Standardsituationen gestalten (begrüßen, trösten, …)

Süßer Lassi

Samir ist nun immer beim Fußball dabei.
Manchmal nimmt er
eine große Flasche Lassi mit.
Mit Obst wird Lassi süß.
5 Samir mag weißen Kokosmilch-Lassi.
Maro und Lotta lieben
rosa Erdbeer-Lassi.

Lassi ist ein erfrischender Trinkjoghurt.
Alle außer Sara mögen Lassi.
10 Sara genießt lieber Apfelschorle.

Rezept für süßen Lassi
4 EL Zucker
1/4 Liter kaltes Wasser
500 g Joghurt
Mische Joghurt, Wasser und Zucker.
Rühre so lange, bis alles schaumig ist.
Gib nun einige Eiswürfel dazu.

Ich mache mir Bananen-Lassi.

• 1 Sucht Rezepte aus eurer Region. Stellt sie vor.

Zungenbrecher

Pippis Papagei plappert papperlapapp,
papperlapapp plappert Pippis Papagei.

Kater Karlo knabbert Kuchenkrümel,
Kuchenkrümel knabbert Kater Karlo.

Scheue* Eulen schnarchen schaurig schön,
schaurig schön schnarchen scheue Eulen.

Gregors Ganter** grübelt gern,
gern grübelt Gregors Ganter.

Mollige Monster mögen muffigen Müll,
muffigen Müll mögen mollige Monster.

* **1** Untersucht die Zungenbrecher.
Was fällt euch auf?

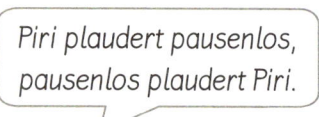

*Piri plaudert pausenlos,
pausenlos plaudert Piri.*

* **2** Schreibe einen Zungenbrecher auf.
Gestalte ein Schmuckblatt dazu.

* scheu: ängstlich, schüchtern
** Ganter: männliche Gans

– über Lesefertigkeiten verfügen (Zungenbrecher lesen)
– Texte rhythmisch und lautmalerisch lesen
– mit Schrift gestalten (Schmuckblatt)

Unterschiedliche Sprachen

Tülin bringt Maro türkische Wörter bei.

Timmy bringt Alma englische Wörter bei.

Sofia bringt Lotta italienische Wörter bei.

	🇹🇷	🇬🇧	🇮🇹
Hallo	merhaba	hello	ciao
Auf Wiedersehen	güle güle	goodbye	arrivederci
Danke	teşekkürler	thank you	grazie

1 Sprichst du auch eine andere Sprache? Erzähle.

Opas Geschenk

Tom feiert heute seinen Geburtstag.
Er wartet in der Küche auf seine Freunde.

Mama ruft: „Dein Besuch ist da!"
Tom öffnet die Tür.
5 Draußen sind Mia, Göran und Paul.
Der Postbote ist auch da.
Der Postbote fragt: „Bist du Tom Schuster?"
Tom antwortet: „Ja, der bin ich."
Der Postbote sagt: „Das Paket ist für dich."

10 Tom nimmt das Paket und bedankt sich.
Seinen Freunden sagt er:
„Das ist sicher Opas Geschenk."
Göran fragt: „Ist das ein Schwert?"

Tom schnappt sich sofort eine Schere
15 und öffnet das Paket.
Im Paket ist ein Poster.
Tom freut sich: „Eine Weltkarte! Super!
Ich will Opa eine Karte schreiben
und mich bedanken!"

20 Mia wundert sich: „Warum ist alles blau?
Ist das der Himmel?"
„Blödsinn, das ist das Meer", erklärt Paul.
Paul ist schon acht Jahre alt
und weiß oft mehr als die anderen.
25 Manchmal weiß er auch alles besser.

„Dieses Meer heißt Mittelmeer",
liest Mia vor.
Mia kann nämlich
schon gut lesen.
30 Viel besser als Paul.

● **1** 👄 Was kannst du schon besser als andere? Erzähle.

– über Lernen sprechen (Fähigkeiten und Begabungen)

Heute schlafe ich bei Oma

Heute übernachte ich bei meiner Oma.
Meinen Tiger Tabu nehme ich auch mit.
Oma Helena ist die beste Oma auf der Welt.
Sie kocht immer Grießbrei für mich.
₅ Omas Grießbrei mag ich am liebsten.

Nach dem Essen spielen
wir meistens noch.
Wenn Oma müde ist,
schauen wir Bücher an.
₁₀ Oder ich darf mit
Opas Eisenbahn spielen.
Im Bett erzählt mir Oma Helena
dann noch eine Geschichte.
Sie kennt die lustigsten Geschichten.

₁₅ Meine Oma Helena ist die beste Oma auf der Welt,
weil sie so viel Zeit für mich hat.

• **1** 👥 Was nimmst du mit, wenn du woanders schläfst?
Erzähle deinem Partner. Vergleicht und berichtet der Klasse.

– eigene Erlebnisse erzählen

Prinz Seltsam

Es war einmal ein Königspaar,
das hatte zwei Söhne.
Prinz Luca las seinem Vater
oft etwas vor. Prinz Jona konnte
5 tolle Elfmeter schießen.
Dann wurde Prinz Noah geboren.
„Er sieht ein bisschen seltsam aus", sagte der König.
„Er ist anders als die anderen", sagte die Königin.
„Er ist unser Bruder", sagte Prinz Luca.
10 „Er ist einfach Prinz Seltsam", sagte Prinz Jona.
Und alle hatten Prinz Seltsam sofort sehr, sehr lieb.
Aber das Volk war etwas verwundert.
Einige Leute flüsterten: „Das ist aber ein seltsamer Prinz."
Prinz Seltsam aber lächelte und freute sich.
15 Das Laufen und Hüpfen fiel ihm schwer,
aber er brauchte es auch nicht,
denn er wollte gar nicht schnell
von einem Ort zum nächsten eilen.
Da, wo er gerade war, gefiel es ihm gut.
20 Er brauchte selten Wörter und Sätze
und doch verstanden ihn alle.

Silke Schnee (Text) / Heike Sistig (Illustrationen)

• **1** Wie könnt ihr euch ohne Wörter und Sätze verständigen? Stellt eure Ergebnisse vor.

– Leseerfahrungen schildern (Kinderliteratur zuhörend kennenlernen)
– wertschätzende (Gesprächs-) Atmosphäre entwickeln (Toleranz)
– eine Szene gestisch, mimisch und durch Bewegungsgrundformen darstellen

TIPP
So gestalte ich ein Lernplakat

Ich überlege mir ein Thema und suche Informationen.

Ich brauche Papier, Kleber Tonpapier, Stifte, Schere.

Ich male Bilder und schneide Fotos aus.

Ich schreibe in großer Schrift auf Papier.

Ich ordne alles an. Dann klebe ich alles auf.

Ich zeige anderen mein Plakat und erzähle dazu.

ÜBEN
Wörter schreiben

1 Schreibe Piris Wörter auf. Markiere die Könige (Vokale).

der Euro   lieben   die Leute

sieben   groß   hören   der Freund

können   die Raupe   die Wiese

2 Schreibe die Wörter auf. Kreise ie und ß ein.

Biene   Fuß   Riese   Floß

3 Was gehört zusammen? Schreibe und kreise o und ö ein.

ein K(o)rb – drei K(ö)rbe

ein Korb   drei Wölfe
ein Wolf   drei Frösche
ein Frosch   drei Körbe

4 Schreibe die Wörter auf. Kreise ö ein.

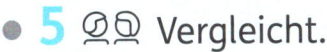

5 Vergleicht.

– planvoll und fehlerlos von einer Vorlage abschreiben
– silbisches Prinzip (Silbenkern) und morphologisches Prinzip (Umlaute) anwenden

ÜBEN
Nomen großschreiben

der	Gür**tel**	Man**tel**	Schal
die	Ho**s**e	Ka**m**era	Bri**ll**e
das	Buch	Ki**ss**en	Kleid

● **1** ✏ Was ist im Koffer? Schreibe mit Artikel auf.
Kreise den Anfangsbuchstaben ein.

● **2** ✏ Suche den richtigen Anfangsbuchstaben.
Schreibe die Wörter auf.

K   D   P   M   G   H

der ●elfin   das ●eld   die ●uschel
der ●offer   die ●alme   das ●emd

82 – planvoll und fehlerlos von einer Vorlage abschreiben
    – Nomen mit Artikel schreiben (Großschreibung)

ÜBEN
Genau lesen

1. Zeige deinem Partner das richtige Bild.

   Sonnenbrille   Sonnenblume   Sonnenliege

2. Lest gemeinsam.

   Wasser
   Wasserball
   Wasserballtor

   Ferien
   Ferientage
   Ferientagebuch

   Kugel
   Kugelfisch
   Kugelfischflosse

   Brief
   Briefmarken
   Briefmarkenautomat

3. Welcher Satz passt zum Bild?
   Notiere die Silben. Sie ergeben ein Lösungswort.

	Piri schreibt einen Liebesbrief.	POST
	Piri schreit einen Liebesbrief.	KISTE
	Pia liegt am Badesee.	BRIEF
	Pia liest am Badesee.	KARTE

   – über Lesefähigkeiten verfügen (genau lesen, Leseverständnis überprüfen)

Ich finde Sport so toll, weil ...

spielen
die Pflanze

- zum Bild erzählen
- eine eigene Geschichte erfinden
- eine Szene spielen

J j

Der Jaguar

Jannik arbeitet mit seiner Klasse
an einem Tierprojekt.
Jannik und seine Gruppe haben
sich für den Jaguar entschieden.
₅ Jedes Kind hat Fragen aufgeschrieben.
Wo lebt der Jaguar?
Was frisst ein Jaguar?
Wie alt kann ein Jaguar werden?

Jannik und Johanna
₁₀ informieren sich
im Internet.
Maja findet eine Seite
im Sachbuch.

Der Jaguar lebt in Süd- und Mittelamerika.
₁₅ Er ist ein Fleischfresser und jagt zum Beispiel Hirsche.
Ein Jaguar kann bis zu 12 Jahre alt werden.
Es ist verboten, den Jaguar zu jagen.

1 Sucht ein Tier aus. Sammelt Fragen und informiert euch.

Die Schlange

Ingas Gruppe macht ein Plakat
über Schlangen.
Inga schneidet das Bild
einer Ringelnatter aus.
₅ Die Ringelnatter ist
eine Würgeschlange.
Maro sucht im Internet
Bilder einer Giftschlange.
Die giftigen Klapperschlangen
₁₀ findet er schnell.

Lotta hat eine Kreuzotter gezeichnet.
Sie bringt Maro die Zeichnung und erklärt:
„Die Kreuzotter ist auch eine Giftschlange.
Sie lebt sogar bei uns in Deutschland."

₁₅ Engin findet im Lexikon noch mehr
Informationen zur Kreuzotter.
Die Kreuzotter hat ein dunkles Zickzack-Muster.
Sie wird etwa 60 Zentimeter lang
und hat zwei Giftzähne.

– informierende Texte schreiben (Plakat)
– Medienkompetenz anbahnen (in Medien recherchieren)

Sp sp

Sportarten raten

Ich schwinge ein Seil mit den Armen
und springe immer wieder durch.

Ich spiele gerne mit einem Ball.
Ich werfe ihn mit der Hand in ein Tor.

Ich hole schnell Anlauf. Dann springe ich
so weit ich kann in die Sandgrube.

Ich kann gut auf Spori reiten.
Wir springen über Hindernisse.

Paul macht Weitsprung.

Eugenia ist Springreiterin.

Greta springt mit dem Seil.

Ömer spielt Handball.

1 Welche Sportarten machen die Kinder? Tauscht euch aus.

2 Schreibt eigene Sportartenrätsel.

Sport macht Spaß!

Sportstunde

Heute ist die Sportstunde besonders toll.
Wenn die Musik startet,
üben alle an Stationen.
Emir, Stefan und Aris sind beim Staffellauf.
5 Emir übergibt den Stab gerade an Stefan.
Alma und Lale üben den Stiefelweitwurf.
Murkama läuft um die Stangen.
Nach jeder Station stempelt Frau Willer
einen Stern auf die Karten der Kinder.

10 Stefan ist Turner.
Er kann sogar einen Salto* springen.
Alle staunen und klatschen.

* Salto: Purzelbaum in der Luft, ohne den Boden zu berühren

– sinnerschließend lesen (Stationen im Bild suchen)
– Leseeindrücke umsetzen (eigene Stationen überlegen)

Z z

Zahngeschichten

Lotta ist aufgeregt.
Sie geht heute zum Zahnarzt.
Der Zahnarzt ist sehr nett.
Er zeigt Lotta seine Werkzeuge:
5 Zange, Pinzette und Spiegel.

Lotta macht den Mund auf.
Der Zahnarzt schaut sich
jeden Zahn ganz genau an.
Er ist zufrieden.
10 Lotta hat kein Loch
und ihr Zahnfleisch ist gesund.
In einem halben Jahr
soll Lotta wiederkommen.
Sie freut sich schon darauf.

– eigene Erlebnisse erzählen

Der Impfausweis

In einigen Tagen reist Maro in das Ferienlager.
Er hat eine Liste, was er mitbringen soll.
Es fehlen noch: Strümpfe, Pflaster
und ein Impfausweis.
5 Maro fragt: „Mama, was ist ein Impfausweis?"
Mama holt ein gelbes Büchlein.
Sie zeigt Maro seine Impfungen.
Mama stellt fest: „Oje, wir sollten dich
noch gegen Tetanus* impfen lassen."

10 Beim Arzt wird es Maro mulmig.
Aber er spürt die Nadel kaum.
Zum Schluss bekommt er ein Pflaster
mit Pferden auf die Einstichstelle.
Mama klopft Maro
15 auf die Schulter:
„Du bist mein
tapferer Junge."

* Tetanus: gefährliche Krankheit

– eigene Erlebnisse erzählen

-ck

Klassenfrühstück

Alle haben etwas für das Frühstück dabei.
Die Lehrerin legt eine Tischdecke auf den Tisch.
Gemeinsam decken die Kinder den Tisch.
Samira packt ein Dinkelbrot aus:
5 „Das habe ich mit Mama gebacken."
Lotta zeigt die Trockenfrüchte.
Maro nickt: „Ich mag Trockenfrüchte im Müsli.
Die machen mein Müsli süß. Auch ohne Zucker."
Erik schneidet Gurken.
10 Alma nimmt sich ein Stück.

Tülin stellt einen Becher ab: „Das ist Hummus.
Hummus wird aus Kichererbsen gemacht.
Das passt gut zum Knäckebrot."

1 Was gehört zu einem gesunden Frühstück? Sammelt Ideen.

  **Y y**

Das tut mir gut

Ich bin Lydia.
Mir geht es gut, wenn mein Teddy bei mir ist.
Mein Teddy heißt Emmy.
Mama sagt: „Lydia und Emmy
sind unzertrennlich."

Ich heiße Tommy.
Ich fühle mich wohl,
wenn ich auf dem Pony reiten darf.
Papa sagt: „Die frische Luft tut dir gut."

Mein Name ist Yoko.
Yoga* tut mir gut. Wir machen Figuren.
Jede Figur hat einen Namen:
der Fisch, die Kobra, die Heuschrecke, …
Oma sagt: „Yoga ist moderne Gymnastik."

1 Was tut dir gut? Erzähle.

Diese Figur heißt: der Baum.

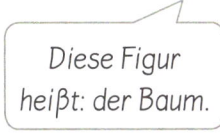

* Yoga: Yoga kommt aus Indien. Die Übungen helfen dir,
dich zu konzentrieren und zu entspannen.

Das Wiesel

Das Wiesel ist ein Raubtier.
Es kann fast so groß werden
wie ein Kater.
Sein Fell ist braun.
Der Bauch ist fast weiß.
Ein Wiesel wird 13 bis 15 Monate alt.
Es lebt am Waldrand.

1 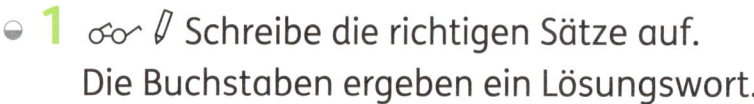 Schreibe die richtigen Sätze auf.
Die Buchstaben ergeben ein Lösungswort.

H	Ein Wiesel ist ein Haustier.
P	Ein Wiesel ist ein Raubtier.
E	Ein Wiesel ist so groß wie eine Maus.
I	Ein Wiesel ist so groß wie ein Kater.
R	Ein Wiesel wird 13 bis 15 Monate alt.
S	Ein Wiesel wird 5 Jahre alt.
A	Ein Wiesel lebt am Wasser.
I	Ein Wiesel lebt am Waldrand.

2  Vergleicht.

Kennst du dieses Tier?

Dieses Tier lebt in Afrika oder Indien.
Es hat große Ohren.
Mit dem Rüssel kann es greifen.

Elefant

Dieses Tier legt Eier und hat Federn.
Es kann nur flattern, aber nicht fliegen.
Es lebt auf dem Bauernhof.

Huhn

Dieses Tier hat viele prächtige Farben.
Es ist klein und kann fliegen.
Es hat Fühler und dünne Flügel.

Schmetterling

Dieses Tier lebt im Wasser oder an Land.
Es kann sich gut vor Feinden schützen.
Bei Gefahr versteckt sich das Tier unter seinem Panzer.

Schildkröte

● 1 ✏ Schreibe ein eigenes Tierrätsel.

– sinnerschließend lesen (Tierrätsel lösen)
– beschreibende Texte verfassen

Warum ich Sport so toll finde

Warum ich Sport so toll finde ...

Weil da die Welt ganz anders aussieht.

Weil unser Sportlehrer so nett ist.

Weil's drauf ankommt, dass man's versucht.

Weil wir da für den Ernstfall trainieren.

Weil wir uns alle treffen.

Weil Fußball das Wichtigste auf der Welt ist.

Weil ich der beste Arschbomber bin.

Weil ich auch ohne Seepferdchen ein Walfisch bin.

Weil wir im Sport immer tolle Abenteuer erleben.

Weil man einfach so schön abhängen kann.

Und weil ich da fast bis zum Mond springen kann.

Andrea Schomburg (Text) / Dorothee Mahnkopf (Illustrationen)

○ 1 Warum findet ihr Sport so toll? Erzählt.

◐ 2 Schreibe auf: Ich finde Sport so toll, weil …

– die eigene Meinung begründen
– zu bedeutungsvollen Themen schreiben (Begründungen)

Kalt und warm

Du brauchst drei Schüsseln:
eine Schüssel mit kaltem Wasser,
eine Schüssel mit lauwarmem Wasser,
eine Schüssel mit warmem Wasser.

Tauche eine Hand
in die Schüssel mit dem kalten Wasser
und die andere Hand
in die Schüssel mit dem warmen Wasser.
Warte kurz.
Tauche dann beide in die Schüssel
mit dem lauwarmen Wasser.

Was fühlst du?

- 1 ⚭ Überlege mit einem anderen Kind, was geschehen ist. Tauscht euch in der Klasse aus.

– Gebrauchstexte verstehen (Versuchsanleitung)

Regen

Wolken sausen,
Winde brausen.
Regen, Regen.
Es prasselt und klopft,
es nieselt und tropft.

Regen

Große Tropfen platschen,
schwere Tropfen klatschen
wütend auf das Regendach.

Mantelkragen hochgeschlagen,
Schirm vor dem Gesicht getragen.
Kalter Wind wird wach.

Fegt daher und peitscht die Tropfen,
dass sie um so wilder klopfen
wütend auf das Regendach.

Alfons Schweiggert

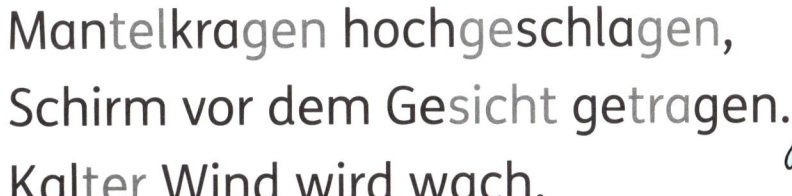

TIPP
So lernen wir miteinander

Ich arbeite alleine.

Ich treffe mich mit einem anderen Kind.

Wir tauschen uns aus.

Wir zeigen unsere Ergebnisse der Klasse.

Wir vergleichen unsere Ergebnisse.

Wir überlegen, wie die Aufgabe für uns war.

– Regeln für gemeinsame Gespräche und gemeinsames Lernen beachten (Ich-Du-Wir-Methode)
– über Lernen sprechen

ÜBEN
Wörter schreiben

1. Schreibe Piris Wörter auf. Markiere die Könige (Vokale).

der Kopf   ja   die Stun**de**

sin**gen**   der Sport   brin**gen**

die Pflan**ze**   dick   das Ba**by**

2. Sp oder St? Schreibe die Wörter auf.

Ich höre scht, aber ich schreibe St/st.   der **St**ern

Ich höre schp, aber ich schreibe Sp/sp.      die **Sp**inne

der ◉ein   die ◉inne   der ◉ift   der ◉iefel

3. Wie klingt y? Untersucht die Wörter mit Y und y.

das Pony   die Pyramide   das Yak

ÜBEN
Gegensätze erkennen

1. Was gehört zusammen? Tauscht euch aus.

leicht   sauer   süß   schwer

2. Hier stimmt etwas nicht. Ordnet richtig zu.

die Schnecke — schnell

die Giraffe — klein

der Jaguar — langsam

die Ameise — groß

3. Schreibe passende Sätze.

Die Schnecke ist langsam.

4. Vergleicht eure Sätze.

– beschreibende Texte verfassen (passende Adjektive nutzen)

ÜBEN
Genau lesen

1. Welche Tiere sind hier versteckt? Lest genau.

Wasserhahn
Muskelkater
Zebrastreifen
Leseratte

2. Welcher Satz passt zum Bild?
Notiere die Buchstaben. Sie ergeben ein Lösungswort.

	Piri schiebt den Pfeil und Bogen.	E
	Piri schießt mit Pfeil und Bogen.	F
	Piri angelt einen Fisch.	E
	Piri angelt einen Tisch.	T
	Piri faucht im tiefen Meer.	I
	Piri taucht im tiefen Meer.	L
	Piri sprintet über die Wiese.	L
	Piri sprintet über die Wiege.	E

– über Lesefähigkeiten verfügen (genau lesen, Leseverständnis überprüfen)
– mit Sprache spielen

Zuhören und erzählen

X x

-tz

Ä ä

Verben
schlafen
lesen
malen

die Hexe
das Mädchen

- zum Bild erzählen
- eine eigene Geschichte erfinden
- eine Szene spielen

Opa erzählt Märchen

Maro und Lukas finden es toll,
wenn Opa Märchen erzählt.
Das Märchen mit Rotkäppchen
gefällt ihnen besonders gut.
5 Opa kann sehr spannend erzählen.
Wenn er den Wolf spricht,
ändert er seine Stimme.
Opa fängt an:
„Rotkäppchen will
10 seine Großmutter besuchen.
Im Wald trifft es den bösen Wolf …"
Lukas schmiegt sich enger an Maro an.
Maro kneift ihn und sagt:
„Angsthase, das ist doch nur ein Märchen!"
15 Lukas ist froh, dass der Jäger Großmutter
und Rotkäppchen rettet.

○ **1** ✏️ Wie heißt dein Lieblingsmärchen?
Schreibe und male.

Märchenstunde

In der Schule lernt Maro das Märchen
Hänsel und Gretel kennen.
Jedes Kind liest eine Rolle aus dem Text.
Alma ändert ihre Stimme,
5 wenn sie die böse Hexe spricht.
Das hört sich wirklich gruselig an.
Maro ist froh, dass es gar keine Hexen gibt.
Anschließend wollen sie das Märchen
mit Instrumenten begleiten.
10 Alma und Maro entscheiden sich
für das Xylofon.
Maro beginnt und schlägt die Töne
auf dem Xylofon an.
Alma ist ungeduldig und boxt Maro
15 in die Seite.
Sie drängelt:
„Lass mich auch mal."

* **1** Lest ein Märchen. Macht passende Musik dazu.

Qu qu

Quartett

Maro, Lotta, Tülin und Otto spielen
ein Märchen-Quartett.
Lukas kommt dazu und quengelt:
„Ich will auch mitspielen."
5 Aber Lotta sagt: „Warte!
Wir sind gleich fertig.
Dann darfst du auch mitspielen."
Nun ist Otto an der Reihe.
Er braucht noch die Karte
10 mit dem Froschkönig.
Lukas schaut in Tülins Karten
und quasselt los:
„Ich sehe ein Tier, das quakt."
Tülin ärgert sich über Lukas:
15 „Hör auf mit dem Quatsch!
Sonst lassen wir dich nicht mitspielen."

1 Spielt mit verteilten Rollen.

2 Wie hätte Lukas es besser machen können? Sammelt Ideen.

– eine Szene darstellen (nachspielen)
– sich an Gesprächen beteiligen (Spiele und Spielregeln, Konflikte lösen)

 **V v**

Viele Märchen

David und Valerie spielen ein Märchenquiz.
Davids Vater liest die Fragen vor.

Wie viele Zwerge
verstecken Schneewittchen?

Was verliert Aschenputtel?

Wer will Hänsel und Gretel
im Ofen verbrennen?

Wer verkleidet sich als
Rotkäppchens Oma?

Wie viele Tiere gehören
zu den Bremer Stadtmusikanten?

David ist ein Märchenexperte.
Er gewinnt gegen Valerie.
Aber Valerie ist eine gute Verliererin und gratuliert ihm.

– sinnerschließend lesen (Quizfragen)

C c

Computer

Früher war ein Computer fast so groß
wie ein Zimmer und so schwer
wie fünf kleine Elefanten.
Heute sind Computer viel kleiner.

5 Fast überall auf der Welt
haben Menschen einen Computer.
Mit ihm können sie spielen, lernen
und sich im Internet informieren.
Manchmal sagt man
10 zum Computer
auch PC.

Nico sucht im Internet ein Bild
von einem Clown.
Er findet einen lustigen Comic.
15 Manchmal schreibt Nico eine E-Mail
an seine Oma.

○ **1** 👥 Was macht ihr am Computer? Erzählt.

Katzengeschichte

Lotta möchte eine Katzengeschichte
schreiben.
Das geht am Computer besonders gut,
weil sie jeden Satz verbessern
5 und verändern kann.
Zuerst schaut sie im Internet nach,
wie die Füße von Katzen genannt werden.
Heißen sie Pfoten oder Tatzen?

Sie findet auch ein Bild
10 von einer hübschen Katze.

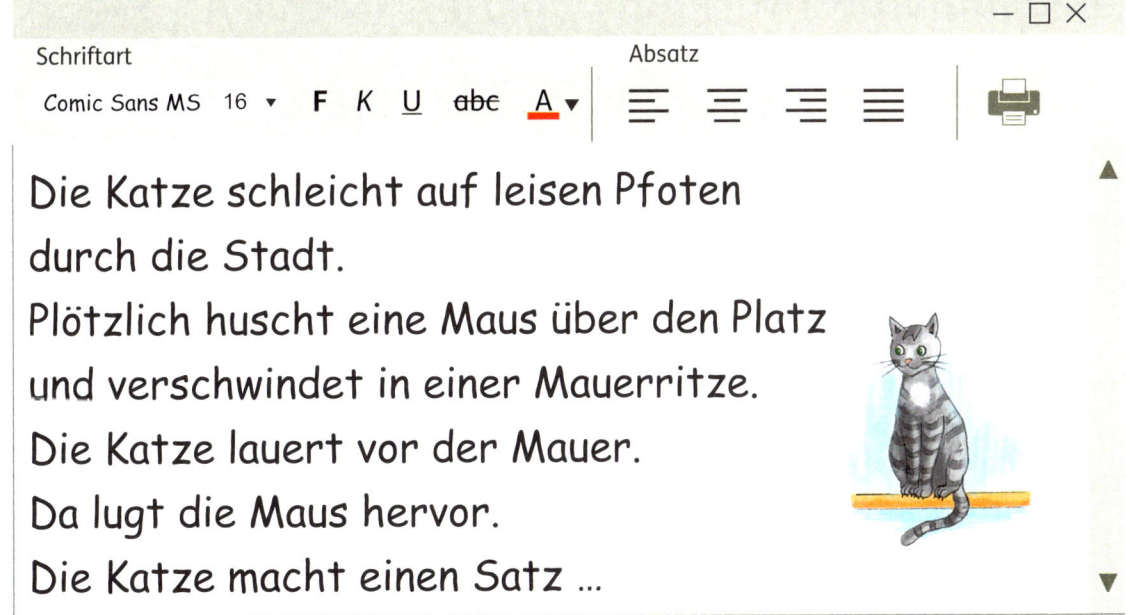

Die Einladung

Max hat bald Geburtstag.
Er möchte eine Märchenparty feiern.
Max schreibt die Einladung mit dem Computer
und druckt sie aus.
Nun unterschreibt er mit einem Glitzerstift
und malt für jedes Kind etwas dazu.
Den Briefumschlag verziert er mit Aufklebern.

> Liebe Carla,
> an meinem Geburtstag am 6. Juni
> möchte ich um 16 Uhr
> ein Märchenfest feiern.
> Kommst du auch?

○ 1 ✏ Schreibe eine Einladung. Du kannst unterschiedliche Stifte ausprobieren oder mit dem Computer schreiben.

Das Märchenfest

Max plant Spiele für sein Fest.

Frau Holle:
Jedes Kind braucht
einen Strohhalm und Watte.
Wer pustet seine Schneeflocke
am schnellsten ins Ziel?

Rapunzel:
Max versteckt gelbe Wollfäden.
Jedes Kind muss
in fünf Minuten
die Fäden einsammeln
und zusammenknoten.
Wer hat am Schluss
die längsten Haare?

Hänsel und Gretel:
Aus Butterkeksen und Zuckerguss bauen
die Kinder Knusperhäuschen.
Mit Schokolinsen verzieren sie jedes Haus.

– Gebrauchstexte verstehen (Anleitungen)

Schneewittchen

Es waren einmal Schneewittchen,
seine Stiefmutter, ein Spiegel und 7 Zwerge.

 Spieglein, Spieglein an der Wand,
wer ist die Schönste im ganzen Land?

 Frau Königin, Ihr seid die Schönste im Land!

Aber Schneewittchen wurde immer schöner.

 Spieglein, Spieglein an der Wand,
wer ist die Schönste im ganzen Land?

 Frau Königin, Ihr seid die Schönste hier.
Aber Schneewittchen ist tausendmal
schöner als Ihr.

 Ein Jäger soll Schneewittchen im Wald
töten.

 Lieber Jäger, bitte töte mich nicht.
Ich laufe in den Wald und komme nicht
zurück.

Schneewittchen kam an ein Häuschen mit
sieben kleinen Bettlein und ruhte sich aus.
Abends kamen die sieben Zwerge nach Hause.

 Wer hat von meinem Tellerchen gegessen?
Wer liegt in meinem Bettchen?

 Ich bin Schneewittchen.
Meine Stiefmutter will mich töten.

 Bleib hier, aber pass auf!

 Spieglein, Spieglein an der Wand,
wer ist die Schönste im ganzen Land?

 Frau Königin, Ihr seid die Schönste hier.
Aber Schneewittchen bei den sieben
Zwergen ist tausendmal schöner als Ihr.

Die Stiefmutter vergiftete Schneewittchen mit
einem Apfel.
Die Zwerge legten Schneewittchen in einen Sarg.
Ein Königssohn wollte Schneewittchen mitnehmen.
Seine Diener stolperten mit dem Sarg.
Schneewittchen spuckte den Apfel aus und erwachte.
Der Königssohn und Schneewittchen heirateten.
Und wenn sie nicht gestorben sind,
dann leben sie noch heute.

nach den Brüdern Grimm

• **1** Lest mit verteilten Rollen.

– Texte vorlesen (mit verteilten Rollen lesen)
– szenisch spielen

Ich bin der Stärkste im ganzen Land!

Eines Tages beschloss ein Wolf,
einen kleinen Spaziergang zu machen.

Im Wald begegnete er einem hübschen kleinen Hasen.
„Grüß dich, Schönöhrchen!
5 Sag mal: Wer ist der Stärkste im ganzen Land?"
„Der Stärkste im Land? Das sind Sie, Meister Wolf",
antwortete der Hase.
Stolz spazierte der Wolf weiter.

Kurz darauf begegnete er Rotkäppchen.
10 „Sag mal, meine Kleine,
wer ist der Stärkste im ganzen Land?"
„Großer Wolf, das sind Sie! Sie sind das!",
antwortete Rotkäppchen wie der Blitz.

„Höhöö! Es ist sonnenklar
15 und niemand kann es bestreiten:
Ich bin der Schrecken des Waldes!
Der Allerböseste!", schmetterte der Wolf.

Da begegnete er einem komischen kleinen Kröterich.
„Hallo, du Quabbelwabbel. Bestimmt weißt auch du,
wer der Stärkste im ganzen Land ist?", fragte ihn der Wolf.
„Aber natürlich weiß ich das",
antwortete der komische kleine Kröterich.
„Das ist meine Mama!"

„Waaas? Du armer Wasserspeier!
Du misslungene Artischocke! Du Speckkopf!
Hab ich dich falsch verstanden?
Wer ist der Stärkste im ganzen Land?"
„Das ist meine Mama. Die ist die Stärkste!
Und die Liebste – außer zu denen,
die böse zu mir sind!",
antwortete der kleine Drache.
„Und wer bist du?"
„Ich bin der liebe kleine Wolf",
und mit diesen Worten
machte er sich
aus dem Staub.

Mario Ramos

1 Welche Figuren kommen in dem Märchen vor? Tauscht euch aus.

2 Spielt das Märchen nach.

– über Leseerfahrungen verfügen (Figuren nennen)
– szenisch spielen

TIPP
So erzählen wir eine Geschichte

1
Ich höre oder lese die Geschichte mehrmals.

2
Ich teile die Geschichte in Abschnitte ein.

3
Ich male zu jedem Abschnitt ein Bild.

4
Ich hänge die Bilder der Reihe nach auf.

5
Ich erzähle die Geschichte in der Reihenfolge der Bilder.

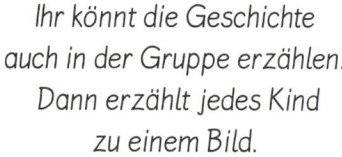
Ihr könnt die Geschichte auch in der Gruppe erzählen. Dann erzählt jedes Kind zu einem Bild.

ÜBEN
Wörter schreiben

1 Schreibe Piris Wörter auf. Markiere die Könige (Vokale).

der Computer   die Quelle   sitzen

der Cent   das Mädchen   der Satz

der Quatsch   viel   die Hexe   vor

2 Was passt? Schreibe die Sätze auf.

Taxi   Katze   Clown

Die ● jagt eine Maus.

Opa ist im ●.

Ivan ist ein ●.

3 Schreibe die Wörter auf. Kreise V und v ein.

der Vogel   der Vampir   der Vater   der Pullover

4 Wie klingt V? Untersucht die Wörter von Aufgabe 3.

ÜBEN
Verben kennenlernen

schlafen

lesen

klatschen

winken

- 1 ✏ Was machen die Kinder? Schreibe Sätze.

  Die Kinder lesen.

- 2 👥 Was können Kinder noch tun? Spielt vor.

- 3 ✏ Was machen die Tiere? Schreibe Sätze.

Die Affen	fliegen.
Die Vögel	klettern.
Die Fische	schwimmen.
Die Hunde	krabbeln.
Die Ameisen	bellen.

  Die Affen klettern.

Wiesel wieseln.

- 4 👥 Vergleicht eure Sätze.

– planvoll und fehlerlos von einer Vorlage abschreiben
– Verben kennenlernen

ÜBEN
Genau und flüssig lesen

● 1 👥 Lest gemeinsam.

Der Frosch
Der Frosch holt
Der Frosch holt die Kugel
Der Frosch holt die Kugel aus dem Brunnen.

● 2 👓 👄 Lies die Märchensprüche vor.

Spieglein, Spieglein an der Wand,
wer ist die Schönste im ganzen Land?

Knusper, knusper, knäuschen,
wer knuspert an meinem Häuschen?

● 3 👓 ✏ Welcher Satz passt zum Bild?
Notiere die Buchstaben. Sie ergeben ein Lösungswort.

	Die Hexe hat einen Besen. Die Hexe hat einen Bären.	MÄR ZAU
	Rotkäppchen hat eine rote Pfütze. Rotkäppchen hat eine rote Mütze.	LEM CHEN

– über Lesefähigkeiten verfügen (genau lesen, Leseverständnis überprüfen)
– über Lesefertigkeiten verfügen (flüssig lesen)

Das Jahr erleben und gestalten

– sich an Gesprächen beteiligen (themen- und situationsbezogenen Wortschatz anwenden: zum Piri-Comic erzählen)

zum Bild erzählen
eine eigene Geschichte erfinden
eine Szene spielen

Blätter fallen

Falle,
falle,
falle,
gelbes Blatt,
rotes Blatt,
bis der Baum kein
Blatt mehr hat,
weggeflogen alle.

Lisa Bender

Ich sehe etwas, das ist glatt, rund und kalt.

1 Ich sehe was, was du nicht siehst. Spielt gemeinsam.

2 Male oder schreibe zum Herbst.

Die Herbstausstellung

Alle waren im Wald.
Sie haben viel gesammelt.
Nun machen sie eine Ausstellung.

* 1 Sammelt Herbstschätze. Macht eine Ausstellung.
• 2 Wie müsst ihr euch im Wald verhalten? Tauscht euch aus.

Oh, du heilger Nikolo

Oh, du heilger Nikolo,
fang erst bei meim Bruada o,
der tuat allwaal Zucker schlecka
und die alten Leit daschrecka.
I war brav des ganzze Johr.
Des ist wahr.

oberpfälzisches Volkslied

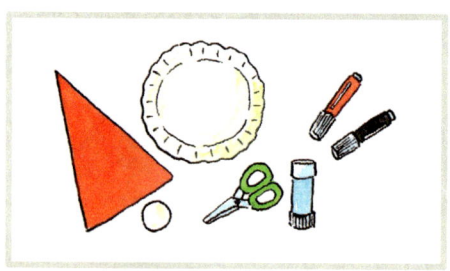   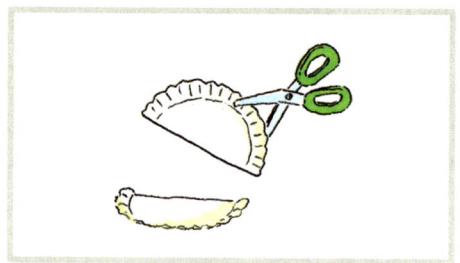

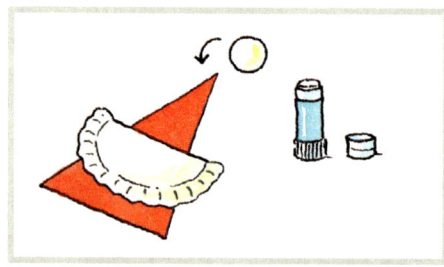   

Schneide den Teller in der Mitte durch.
Klebe ihn auf das Dreieck.
Klebe die Watte auf die Spitze.
Bemale das Gesicht.

• 1 Wie wird der Nikolaus gebastelt? Erklärt.

Weihnachten

Christkind ist da,
sangen die Engel im Kreise
über der Krippe
immerzu.
Der Esel sagte leise:
I-a
und der Ochs sein Muh.

Der Herr der Welten
ließ alles gelten.
Es dürfen auch nahen
ich und du.

Josef Guggenmos

Nuss — Tanne — Esel — Maria

- 1 Was haben die Wörter mit Weihnachten zu tun? Erzählt.

- 2 Spielt das Gedicht nach.

– sich an Gesprächen beteiligen (Feste im Jahreslauf)
– szenisch spielen

Silvester

Simon schaut auf die Uhr.
Er ist schon so müde.
Aber bald ist es soweit.
Dann ist Mitternacht.
⁵Simon kann es kaum
erwarten.
Mit Mama, Papa und Rafael
schaut er sich
das Feuerwerk an.
¹⁰Dann wünschen sich alle
ein gutes neues Jahr.

○ **1** 👄 Wie und wann begrüßt du das neue Jahr? Erzähle.

 Feliz año nuevo!

 Bonne année!

 Happy new year!

 Felice anno nuovo!

Alle feiern

Heute haben alle tolle Kostüme an.
Lena ist eine Sonnenblume.
Maro ist ein Roboter.
Und Tahir hat
₅ ein Elefanten-Kostüm an.
Das Wettessen
mit Schaumküssen ist toll.
Alle lachen.

Danach soll das schönste Kostüm
₁₀ gewählt werden.
Alle sind aufgeregt.
Wer wird wohl gewinnen?

Was bin ich?

○ **1** 👁🗨 Was feiern die Kinder?
Überlegt gemeinsam.

○ **2** ✏️ Was ist dein Lieblingskostüm?
Male und schreibe.

– sich an Gesprächen beteiligen (Feste im Jahreslauf)
– Leseeindrücke umsetzen (sich im Kostüm malen und beschreiben)

Der Schneesturm

Alles ist tief verschneit.
Manuel und Didi gehen
ein Stück ins Gebirge hinauf.
Sie wollen Brennholz holen.

Die Mäuse werden
von einem Schneesturm
überrascht.
Zum Glück finden sie
eine Hütte, in der sie
Schutz suchen können.

Der Wind bläst immer
stärker!
Die kleine Hütte
wackelt bedenklich!

Und dann passiert es!
Der Sturm packt die Hütte
mitsamt den Mäusen
und reißt sie mit sich fort.

Die Holzhütte wird genau
gegen das Mäusehaus
getragen.
Krachend prallt sie
an die Hauswand.

Manuel und Didi
ist nichts geschehen.
„Siehst du, Didi", sagt Manuel.
„Jetzt haben wir sogar
Brennholz für den Rest
des Winters!"

Erwin Moser

Die Tulpe

Die ersten Blumen im Frühling
heißen Frühblüher.
Auch die Tulpe ist ein Frühblüher.

Die Tulpe wächst aus einer Zwiebel.
5 Die Zwiebel hat kleine Wurzeln.
Über diese Wurzeln
nimmt die Tulpe Wasser auf.

An den ersten warmen Tagen
treibt die Tulpe aus.
10 Bald sind der Stängel
und die Blätter zu sehen.

Aus der Knospe am Ende des Stängels
entwickelt sich eine Blüte.
Die meisten Tulpen blühen
15 rot oder gelb.
Es gibt sie aber auch
in vielen anderen Farben.

- **1** Wie entwickelt sich die Tulpe? Erklärt.

Kresse im Karton

Bald kannst du Kresse ernten.
Setze einen Hasen ins Beet
oder lege ein paar Eier hinein.
Das ist eine hübsche Osterdekoration.

Für ein Osterfrühstück
brauchst du:
Vollkornbrot
1 Schälchen Quark
gekochte Eier in Scheiben
Butter
etwas Salz
Kresse

- 1 Plant ein Osterfrühstück. Wer bringt was mit? Schreibt Merkzettel.

– Gebrauchstexte verstehen (Anleitung, Rezept)
– Regeln für gemeinsames Sprechen und Lernen beachten

Das schönste Ei der Welt

Es waren einmal drei Hühner –
Pünktchen, Latte und Feder –,
die stritten sich, wer die Schönste von ihnen sei.

Weil sie sich nicht einigen konnten,
5 beschlossen sie, den König um Rat zu fragen.
„Es kommt auf die inneren Werte an",
sagte der König.
„Wer das schönste Ei legt,
soll gewinnen und Prinzessin werden."

10 Pünktchen fing als Erste an zu gackern.
Alle waren sprachlos.
„Vollkommener geht es nicht!",
rief der König – und alle, alle nickten.

Als Latte zu gackern begann,
15 bedauerten sie alle.
Aber nach zehn Minuten
erhob Latte sich erleichtert.
Der König klatschte vor Freude
in die Hände: „Größer geht es nicht!",
20 rief der König – und alle, alle nickten.

Feder gackerte kaum.
Bescheiden, mit niedergeschlagenen Augen
saß sie da.
Dann stand sie auf.
25 „Fantastischer geht es nicht!"
rief der König – und alle, alle nickten.

Es war unmöglich zu sagen, welches Ei das schönste war.
Auch der König wusste es nicht.
So kam es, dass alle drei Prinzessin wurden:
30 Pünktchen, Latte und Feder.
Und wenn sie nicht gestorben sind,
dann legen sie noch heute.

Helme Heine

● **1** 👁️👁️ Wen hättet ihr zur Prinzessin gewählt?
Tauscht euch aus.

– die eigene Meinung begründen
– szenisch spielen

Maus und Elefant im Schwimmbad

Es ist Mai.
Heute macht das Freibad auf.
Die Maus und ihr Freund, der Elefant,
gehen zum Baden. Der Elefant zieht sich um
und ist schon im Wasser.
Aber die Maus kann ihre Badehose nicht finden.
Sie läuft aufgeregt am Beckenrand entlang
und ruft dem Elefanten zu:
„Komm doch bitte noch einmal heraus,
Elefant!"
Der Elefant steigt mühsam aus dem Becken.
„Was ist denn los?", fragt er seine Freundin.
Die Maus blickt ihn von oben bis unten an
und sagt: „Ach nichts! Ich kann nur
meine Badehose nicht finden
und wollte nachschauen,
ob du sie vielleicht
aus Versehen angezogen hast."

- **1** Spielt die Geschichte nach.

Sommer

Gustav Klimt (Mohnwiese, 1907)

Manchmal, wenn ich im Garten liege
und langsam ziehen die Wolken dahin,
fühle ich deutlich, wie ich fliege.
Ich glaube, dass ich ein Vogel bin.

Frantz Wittkamp

Ein Schiff falten

Nimm ein Rechteck.

Falte einen Hut.

 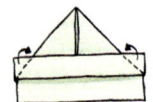

Lege die Spitzen übereinander zum Quadrat.

Biege die Spitzen nach oben.

Lege die Spitzen wieder übereinander zum Quadrat.

Ziehe die oberen Spitzen auseinander.

Nun kann dein Schiff schwimmen.

Schifflein auf dem Bach

Ein hübsches Schifflein bauten wir,
ein schneeweißes Schifflein aus Papier.

Ist es auch klein,
so schwimmt es doch.
Es schwimmt auf dem Bach,
fährt immer noch.

Und kommt es nicht weit:
Ein kleines Stück
erlebte es
das Seefahrerglück.

Josef Guggenmos

1 Was erlebt dein Schiff?
Schreibe und male dazu.

Wörterliste

A a
aber
alle
arbeiten, sie arbeitet
das Auto, die Autos

B b
das Baby, die Babys
der Baum, die Bäume
die Biene, die Bienen
bringen, er bringt
das Buch, die Bücher
bunt

C c
der Cent, die Cents
der Clown, die Clowns
der Computer, die Computer

D d
dick
die Dose, die Dosen
dürfen, sie darf

E e
das Eis
ein, eine
die Ente, die Enten
der Euro, die Euros

F f
fein
das Fenster, die Fenster
der Freund, die Freunde
die Freundin, die Freundinnen
für
der Fuß, die Füße

G g
geben, er gibt
das Gemüse
groß

H h
haben, sie hat
das Haus, die Häuser
die Hexe, die Hexen
hören, er hört

I i
ich
der Igel, die Igel
er ist

J j
ja
das Jahr, die Jahre
jeder, jede
der Junge, die Jungen

K k
die Katze, die Katzen
die Klasse, die Klassen
kommen, sie kommt
der König, die Könige
können, er kann
der Kopf, die Köpfe
der Korb, die Körbe

L l
das Lama, die Lamas
lang
laufen, sie läuft
lernen, er lernt
lesen, sie liest
das Lexikon, die Lexika
lieben, er liebt
die Leute

M m
machen, sie macht
das Mädchen, die Mädchen
das Märchen, die Märchen
die Maus, die Mäuse
mit
müssen, er muss

N n
der Name, die Namen
neu
nicht

O o
oft
die Oma, die Omas
der Opa, die Opas

P p
die Pflanze, die Pflanzen
der Platz, die Plätze

Qu qu
der Quatsch
die Quelle, die Quellen

R r
die Raupe, die Raupen
rechnen, er rechnet
der Riese, die Riesen
der Ring, die Ringe
rufen, er ruft

S s
der Satz, die Sätze
die Schere, die Scheren
die Schlange, die Schlangen
schneiden, er schneidet
schreiben, sie schreibt
die Schule, die Schulen
sieben
singen, er singt
sitzen, sie sitzt
spielen, er spielt
der Sport
der Stein, die Steine
stellen, sie stellt
der Stift, die Stifte
still
die Stunde, die Stunden
suchen, er sucht
süß

T t
das Taxi, die Taxis
der Teddy, die Teddys
das Tier, die Tiere
das Tor, die Tore
der Traum, die Träume
träumen, sie träumt

U u
üben, er übt
und
unter

V v
der Vater, die Väter
versuchen, sie versucht
viel
der Vogel, die Vögel
vor

W w
weil
weiter
die Wiese, die Wiesen
der Winter
wollen, er will
das Wort, die Wörter
wünschen, sie wünscht

X x
das Xylofon, die Xylofone

Y y
das Yak, die Yaks
das Yoga

Z z
zählen, er zählt
der Zahn, die Zähne

141

Textquellennachweis

21 Georg Bydlinski: Guten Tag. Aus: Wasserhahn und Wasserhenne, Gedichte und Sprachspielereien. Dachs Verlag, Wien 2002; **22-23** David McKee: Elmar (Auszug). Aus: Elmar. Aus dem Englischen von Hans Georg Lenzen, Thienemann Verlag, Stuttgart/Wien 2009.; **40-41** John Kelly, Psst! Ich lese! übers. v. TextDoc Kiesel, Illustrationen: Elina Ellis; 360 Grad Verlag GmbH, 1. Auflage 2019; **58** Michael Augustin: Träume sind Schäume. Aus: Uwe-Michael Gutzschhahn (Hrsg.): Sieben Ziegen fliegen durch die Nacht. 2018 dtv, München; **60-61** Werner Holzwarth (Text), Stefanie Jeschke (Illustrationen): Ich wär so gern … dachte das Erdmännchen. Gerstenberg Verlag, Hildesheim 2017; **79** Silke Schnee: Prinz Seltsam. Aus: Die Geschichte von Prinz Seltsam. Neufeld Verlag, Schwarzenfeld 2011.; **96-97** Andrea Schomburg: Warum ich Sport so toll finde. Aus: Andrea Schomburg / Dorothee Mahnkopf: Warum ich Sport so toll finde. Tulipan Verlag, München 2018; **99.2** Alfons Schweiggert: Regen. Aus: Kindergedichte rund ums Jahr. Falken Verlag, Niedernhausen 1989.; **114-115** nach den Brüder Grimm; **116-117** Mario Ramos: Ich bin der Stärkste im ganzen Land. Aus dem Französischen von Markus Weber. Moritz Verlag, Frankfurt/Main 2003; **124** Lisa Bender: Blätter fallen. Aus: Margarete Wagner: Unter dem Regenbogen. Herder Verlag, Freiburg im Breisgau 1981; **127** Josef Guggenmos: Weihnachten. Aus: Und mittendrin der freche Hans – Gedichte für Grundschulkinder. Cornelsen Verlag, Berlin 1993; **130-131** Erwin Moser: Der Schneesturm. Aus: Manuel und Didi – Das große Buch der kleinen Mäuseabenteuer. Beltz & Gelberg in der Verlagsgruppe Beltz, Weinheim/Basel 1994.; **134-135** Helme Heine: Das schönste Ei der Welt. Middelhauve, Köln 1988; **136** Volksgut; **137** Frantz Wittkamp: Manchmal, wenn ich im Garten liege. Aus: Ich glaube, dass du ein Vogel bist. Beltz & Gelberg in der Verlagsgruppe Beltz, Weinheim/Basel 1987.; **139** Josef Guggenmos: Schifflein auf dem Bach. Aus: Hans-Joachim Gelberg (Hrsg.): Überall und neben dir. Beltz & Gelberg in der Verlagsgruppe Beltz, Weinheim/Basel 1994.

Quellennachweis

Ablang, Friederike, Berlin, **75.4**; **126.2**; **126.3**; **126.4**; **126.5**; aus: Erwin Moser, "Manuel & Didi (Band 1) © 2002, 2008 Beltz & Gelberg in der Verlagsgruppe Beltz, Weinheim Basel, **130.1**; **130.2**; **130.3**; **131.1**; **131.2**; **131.3**; aus: Helme Heine, Das schönste Ei der Welt © 1983, 2004 Beltz & Gelberg in der Verlagsgruppe Beltz, Weinheim Basel, **134.1**; **134.2**; **135.1**; **135.2**; David McKee: Elmar, © 1989, 2018 Thienemann Verlag in der Thienemann-Esslinger Verlag GmbH, Stuttgart, **22.1**; **23.1**; **23.2**; Frampton, Iris, Münster, **39.1**; **39.2**; **39.3**; **39.4**; **39.5**; **42.1**; **58.1**; **58.2**; **59.1**; **78.1**; **106.3**; **106.4**; **107.2**; **113.1**; **113.2**; **113.3**; **115.2**; **115.3**; **115.4**; **115.5**; **124.2**; **125.1**; **128.1**; **128.2**; **129.1**; **129.2**; Fröhlich, Anke, Leipzig, **U6.1**; **3.1**; **4.1**; **4.3**; **4.4**; **4.5**; **4.7**; **4.8**; **4.16**; **5.1**; **5.2**; **5.3**; **5.5**; **5.6**; **5.7**; **5.18**; **5.20**; **6.1**; **6.3**; **6.4**; **6.5**; **6.6**; **6.7**; **6.13**; **6.21**; **6.22**; **7.1**; **7.3**; **7.4**; **7.5**; **7.6**; **7.7**; **7.8**; **7.11**; **7.12**; **7.18**; **8.1**; **8.3**; **8.4**; **8.5**; **8.6**; **8.7**; **8.10**; **9.1**; **9.2**; **9.3**; **9.4**; **9.5**; **9.6**; **10.4**; **11.1**; **11.2**; **13.5**; **15.6**; **16.4**; **19.3**; **20.1**; **20.2**; **20.5**; **20.6**; **20.8**; **21.1**; **21.2**; **21.3**; **21.4**; **24.1**; **24.2**; **24.3**; **24.4**; **24.5**; **24.6**; **25.4**; **26.1**; **26.2**; **26.3**; **26.4**; **27.2**; **27.8**; **27.13**; **27.15**; **27.16**; **27.17**; **29.1**; **37.3**; **43.2**; **43.3**; **43.4**; **43.5**; **43.6**; **43.7**; **43.8**; **43.9**; **43.10**; **43.11**; **44.1**; **44.2**; **44.3**; **44.4**; **44.5**; **44.6**; **45.6**; **46.1**; **47.7**; **47.14**; **47.18**; **47.19**; **49.1**; **53.5**; **62.1**; **62.2**; **62.3**; **62.4**; **62.5**; **62.6**; **64.1**; **65.1**; **65.5**; **65.6**; **67.1**; **68.2**; **68.3**; **69.3**; **73.3**; **74.1**; **74.2**; **74.3**; **75.1**; **75.2**; **75.3**; **76.1**; **76.3**; **77.1**; **80.1**; **80.2**; **80.3**; **80.4**; **80.5**; **80.6**; **81.2**; **82.1**; **83.1**; **83.4**; **83.5**; **84.5**; **85.1**; **85.2**; **87.4**; **88.6**; **93.5**; **94.2**; **94.3**; **95.1**; **95.2**; **95.3**; **98.1**; **99.1**; **100.1**; **100.2**; **100.3**; **100.4**; **100.5**; **100.6**; **103.1**; **103.2**; **103.3**; **103.4**; **103.5**; **103.8**; **105.1**; **108.3**; **110.2**; **110.3**; **112.1**; **115.6**; **118.1**; **118.2**; **118.3**; **118.4**; **118.5**; **119.1**; **119.2**; **119.3**; **119.6**; **120.1**; **120.2**; **121.3**; **122.2**; **122.3**; **122.4**; **123.1**; **123.2**; **123.3**; **123.4**; **126.1**; **127.5**; **129.3**; **133.1**; **133.2**; **133.3**; **136.1**; **136.2**; **138.1**; **139.1**; Goedelt, Marion, Berlin, **124.1**; Göhlich, Susanne, Leipzig, **127.1**; Hauptmann-Wewer, Iris, Taunusstein, **38.1**; Hochmann, Carmen, Gütersloh, **30.1**; **31.1**; **32.1**; **33.1**; **34.2**; **35.2**; **36.1**; **37.1**; **50.1**; **50.3**; **50.4**; **50.5**; **50.6**; **50.7**; **51.1**; **52.2**; **53.1**; **53.3**; **53.4**; **54.2**; **55.2**; **55.3**; **55.4**; **70.1**; **71.3**; **86.3**; **88.2**; **88.3**; **88.4**; **88.5**; **89.2**; **90.2**; **91.2**; **92.2**; **93.4**; **108.2**; **109.3**; **81.11**; **103.7**; **104.2**; Ill. aus Mario Ramos, aus: Ich bin der Stärkste im ganzen Land. Bilderbuch. Aus dem Französischen von Markus Weber: © 2003 Moritz Verlag, Frankfurt am Main, **116.1**; **117.1**; iStockphoto, Calgary, Alberta (Fiery_Phoenix), **87.2**; John Kelly / Elina Ellis , aus "Psst! Ich lese!" © 360 Grad Verlag, **40.1**; **40.2**; **41.1**; Kilian, Svetlana, Bonn, **132.2**; Metzen, Isabelle, Bochum, **10.1**; **12.1**; **13.1**; **14.1**; **15.2**; **16.1**; **17.1**; **18.1**; **19.1**; **27.18**; **28.1**; **48.1**; **66.1**; **84.1**; **104.1**; **122.1**; Originalillustration aus: Dorothee Mahnkopf. Warum ich Sport so toll finde (ISBN 978-3-86429-384-9) © Tulipan Verlag GmbH München, 2018, **96.1**; **97.1**; Originalillustration aus: Silke Schnee, Die Geschichte von Prinz Seltsam. Illustriert von Heike Sistig (c) 2011, Neufeld Verlag, Schwarzenfeld, **79.1**; **79.2**; Oser, Liliane, Hamburg, **16.5**; **27.14**; **45.3**; **81.5**; **81.7**; **83.2**; Rauschenbach, Anke, Leipzig, **56.3**; **57.2**; **72.3**; **73.2**; **110.4**; **111.2**; Reich, Bettina, Zwenkau/Leipzig, **121.1**; Schumann, Friederike, Berlin, **83.3**; ShutterStock.com RF, New York (Lisa S.), **69.2**; stock.adobe.com, Dublin (byrdyak), **86.2**; stock.adobe.com, Dublin (Henry Czauderna), **71.2**; stock.adobe.com, Dublin (Stephan Morris), **94.1**; stock.adobe.com, Dublin (Steve Byland), **87.3**; ullstein bild, Berlin (Imagno), **137.1**; Werner Holzwarth und Stefanie Jeschke: Ich wäre so gern..., dachte das Erdmännchen © 2012 Gerstenberg Verlag, Hildesheim, **60.1**; **60.2**; **61.1**; **61.2**

1. Auflage   1 5 4 3 2 | 26 25 24

Alle Drucke dieser Auflage sind unverändert und können im Unterricht nebeneinander verwendet werden. Die letzte Zahl bezeichnet das Jahr des Druckes.

Das Werk und seine Teile sind urheberrechtlich geschützt. Jede Nutzung in anderen als den gesetzlich zugelassenen Fällen bedarf der vorherigen schriftlichen Einwilligung des Verlages.

Hinweis § 60a UrhG: Weder das Werk noch seine Teile dürfen ohne eine solche Einwilligung eingescannt und/oder in ein Netzwerk eingestellt werden. Dies gilt auch für Intranets von Schulen und sonstigen Bildungseinrichtungen. Fotomechanische, digitale oder andere Wiedergabeverfahren nur mit Genehmigung des Verlages.

Nutzungsvorbehalt: Die Nutzung für Text und Data Mining (§ 44b UrhG) ist vorbehalten. Dies betrifft nicht Text und Data Mining für Zwecke der wissenschaftlichen Forschung (§ 60d UrhG).

© Ernst Klett Verlag GmbH, Stuttgart 2022. Alle Rechte vorbehalten. www.klett.de
Das vorliegende Material dient ausschließlich gemäß § 60b dem Einsatz im Unterricht an Schulen.

Autorinnen: Susanne Köglmeier, Katharina Steinhorst
Beratung: Beate Eckert-Kalthoff
Auf der Basis der Ausgabe von: Cornelia Donth-Schäffer, Gisela Hundertmark, Andreas Landwehr

Entstanden in Zusammenarbeit mit dem Projektteam des Verlages.

Externe Redaktion: Salomé Dick, Berlin

Umschlaggestaltung: know idea gmbh, Freiburg i. Br.
Titelbild: Anke Fröhlich, Leipzig
Druck: PASSAVIA Druckservice GmbH & Co. KG, Passau

Printed in Germany
ISBN 978-3-12-300502-2

Piri Schreibtabelle

	L l		R r
	M m		N n
	H h		-ch
	W w		F f
	J j		Sch sch
	S s		Z z
	G g		K k
	D d		T t
	B b		P p